KB066143

당신이 숨기고 있는 것들

당신이 숨기고 있는 것들

인생의 판을 바꾸는 무의식의 힘

정신분석가 정도언 지음

지와인

저자의 말

글을 쓴다는 행위는 독백이 아닙니다. 쓰는 사람과 쓰는 글 사이에 끊임없이 주고받는 상호 작용입니다. 내가 글을 쓰고, 내가 쓴 글이 나를 읽어냅니다. 생각이 있어서 글을 쓰는 것이 아니고, 글을 써야 생각할 수 있기에 글을 쓴다는 말도 있습니다. 쓰고 읽히는, 읽히면서 쓰기를 계속하는 행위와 정신분석가와 피분석자가 듣기와 말하기로 주고받는 행위는 거울 속 이미지처럼 닮아 있습니다.

정신분석학에 대한 다중의 이해를 돕기 위해 10여 년 전에 세상에 내놓았던 첫 책 『프로이트의 의자』는 감사하게도 아직도 독자들의 사랑을 받고 있습니다. 쉬지 않고 정신분석학 공부를 계속해온 결과물로 이제 새 책을 선보입니다.

이 책은 주요 일간지에 게재했던 칼럼을 기반으로 단행본의 성격에 맞추어 정리, 보완하고 새로운 내용도 담아 균형을 잡고 가독성을 높였습니다. 인생의 판(版, version)을 바꾼 것과 같습니다. 집의 형태는 유지하면서 내부를 다시 손보아 살기 편안한 집을 다시 지은 것에 비유할 수 있습니다. 삶의 판을 바꾸고 싶은 분들에게 도움이 되기를 기대합니다. 시작부터 출간까지 지원을 아끼지 않았던 지와인 김보경 대표와 실무진에게 감사드립니다.

2021년 봄 정도언

인생의 판을 바꾸려면

인생이라는 커다란 바구니 안에는 과거, 현재, 미래라는 이름의 작은 바구니 세 개가 놓여 있습니다. 작은 바구니 각각에 여러 판의 삶의 이야기가 담깁니다. 이미 지나간 것이니 과거는 절대로 바꿀 수 없다고 생각합니다. 과거 자체는 바꿀 수 없지만 과거의 판은 바꿀 수 있다면?

　과거는 한 가지 판을 고집하지 않습니다. 그냥 우리가 바꿀 수 없다고 믿고 있는 것입니다. 정해지지 않은 현재와 미래처럼 과거도 모습을 바꿀 수 있습니다. 인생의 매력은 살아온 이야기의 판을 개작(改作), 고쳐 쓸 수 있다는 점입니다.

과거의 판을 바꾸면 현재가 달라지고, 현재가 달라지면 미래가 보입니다. 과거, 현재, 미래는 단절된 것이 아니고 인생이라고 하는 바구니 속에서 서로 이어지면서 대화하고 소통합니다.

정신분석은 살면서 만들어지는 이야기의 판을 바꾸도록 돕는 학문이자 기술입니다. 이미 일어난 사건을 바꿀 수는 없지만 과거를 읽는 관점은 새롭게 바꿀 수 있습니다. 개인사적 진실을 수정할 수는 없어도 서술적 진실로 다르게 풀어낼 수 있습니다. 분석을 받는 사람은 분석가와 함께 자신의 과거를 새롭게 해석함으로써 현재를 보다 자유롭고 새롭게 살고 미래를 꿈꿉니다. 판을 바꾸는 힘은 무의식 속에서 삶의 진전을 가로막고 있는 갈등 구조를 변형하는 작업에서 나옵니다.

정신분석학의 창시자인 지그문트 프로이트(Sigmund Freud) 역시 판을 바꾼 사람입니다. 당시 19세기 후반기 의학은 진단 위주였고 치료 방법은 현대 의학과 비교해 극히 원시적이었습니다. 정신과 진료도 환자를 병실에 가두고 별 효과도 없는 치료법을 실험적으로 써보는 형편이었습니다. 이런 상황에 프로이트가 등장하면서 마음의 심층을 말로 치료해 정신질환자를 돕는 정신분석학의 길이 열린 것입니다.

1993년, 시사주간지 《타임》은 표지에 프로이트의 얼굴을 싣고 "프로이트는 죽었는가?"라고 물었습니다. 이 질문은 정신분석학의 가치와 효용성에 도전한 것입니다. 무시하지 않고 왜 도전했을까요? 프로이트가 판을 바꾼 사람이기 때문입니다. 싫든 좋든 판을 바꾼 사람을 역사에서 지울 수는 없습니다. 이어서 2006년, 프로이트 탄생 150주년을 맞아 경쟁지 《뉴스위크》는 표지에 프로이트 얼굴을 넣고 반대로 "프로이트는 죽지 않았다"라고 했습니다.

19세기 말에 세상에 모습을 보인 프로이트의 정신분석학을 21세기에도 논쟁하고 있습니다. 참으로 신기한 일입니다. 이미 한 줌의 재가 된 프로이트가 아직도 살아 있다? 그가 만든 정신분석학의 쓸모 때문에 살아 있습니다. 인간의 삶을 이해하고 통찰하는 정신분석학의 힘이 3세기에 걸쳐 프로이트라는 인물을 살아 있도록 한 것입니다.

이 정도면 당연히 프로이트에게도 '팬클럽'이 있습니다. 정신분석가들은 물론이고 문학, 음악, 미술, 광고에 종사하는 사람들입니다. 그중 한 시인의 이야기를 하겠습니다. 영국에서 태어나 자라고 공부한 그는 젊어서 미국 시민이 되었습니다. 정신분석학에 열광했고 정신분석학의 탄생지인 비엔나에서 세상을 떠났습니다. 20세기를 대표하는 이 시인은 위스턴 오든(Wystan Auden)입니다. 그는 「프로이트를 추모하며(In Memory of Sigmund Freud)」라는 글에서 프로이트는 한 사람의 인간을 넘어 "인간성 전체에 대한 두드러진 견해"라고 했습니다.

정신분석학은 말로 하는 모든 치료의 근원이자 심층심리학의 대표 주자로 살아남았습니다. 저는 미국, 프랑스 외에도 중국, 일본, 타이완에서 강연을 했습니다. 중국은 정신분석학의 신생국이지만 두 해마다 개최 도시를 바꿔가며 국내 학회를 엽니다. 국내 행사인데도 매번 천여 명에 가까운 중국인과 외국인 학자 수십 명이 참석합니다. 일본은 프로이트가 직접 정신분석가 수련을 허락한, 동아시아에서 가장 오래된 역사를 자랑합니다. 타이완은 소수의 힘으로 '국제 정신분석학회 아시아태평양 학술대회'를 주관한 바 있습니다.

저는 한국인 정신분석가입니다. 정신분석학의 도움을 받아 한국인의 마음을 넓고 깊게 이해하고 싶습니다. 개인의 마음도 풀어주고 사회 갈등도 줄이는 데 기여하기를 소망합니다. 조상들이 쌓아온 지혜의 데이터베이스를 바탕으로 공부해, 우리의 정신분석학이 국제학계에 기여할 때를 기대하며 노력하고 있습니다.

일본은 오래전부터 일본 문화의 특성을 정신분석학에 접목해 독특한 이론을 내놓았습니다. 중국도 잠재력이 아주 큽니다. 공자, 맹자, 노자, 장자 등 사상가들이 남긴 풍부한 지적 자산을 보유하고 있습니다. 한국은 어떤가요? 국제학회 기조 강연으로 제가 발표한 「오이디푸스 왕과 심청: 한국의 오이디푸스에 관하여」에 대해 특히 서양 분석가들이 "먼 길을 온 보람을 찾았다"라고 평가했습니다. 하지만 미미한 시작일 뿐, 갈 길이 멀고 멉니다.

간략하게 강연을 소개하면 다음과 같습니다. 서양의 오이디푸스는 전형적인 정복자입니다. 델파이의 신탁을 듣고 두려움에 쌓인 부모가 출생 직후에 죽으라고 그를 버렸지만, 양치기가 구해서 이웃 왕국의 왕자로 자랐습니다. 성장 후에 그 역시 운명을 피하려고 떠난 여행길에서 만난 생부를 시비 끝에 죽이고, 결국 생모를 차지해 자식들까지 낳는 패륜을 저질렀습니다. 패륜의 진실을 찾아내자 자기 손으로 눈을 멀게 한 후 방랑을 떠납니다. 프로이트는 이 이야기에서 남자아이가 아버지를 멀리하고 어머니를 차지하려 한다는 '오이디푸스 콤플렉스' 개념을 만들어냈습니다. 여자아이는 반대로 어머니를 멀리하고 아버지를 차지하려는 성향을 보입니다. 프로이트는 오이디푸스 콤플렉스가 해소되면서 도덕과 양심을 관장하는 초자아(超自我)가 발달한다고 했습니다.

세대를 넘어 한국인이 사랑하는 『심청전』의 주인공 심청은 태어나자마자 어머니를 잃고 눈먼 아버지의 손에서 마을 아주머니들의 젖을 얻어먹고 자랐습니다. 아버지 눈을 뜨게 하려고 공양미 300석에 자신을 팔고 바다로 뛰어들지만 왕비가 되고 아버지도 눈을 떠 이야기는 행복한 결말로 이어집니다. 심청의 마음에도 오이디푸스 콤플렉스가 작동하지만 효행(孝行)이라는 문화적 틀을 얹어서 정반대로, 비극적 결말이 아닌 모든 사람의 행복으로 결론을 냈다는 점이 흥미로운 차이입니다.

오이디푸스 왕이 어둠이라면 심청은 빛입니다. 문화와 민족을 떠나 공유되는 오이디푸스 콤플렉스의 보편성은 인정하면서도 서양의 『오이디푸스 왕』과 한국의 『심청전』을 비교 분석해서 새로운 관점을 이야기한 점이 좋은 반응을 얻었습니다. 오이디푸스 콤플렉스의 어두운 측면에 몰입해 있는 서구적 사고를 흔들었다고 생각합니다.

서양의 정신분석 개념을 한국인의 관점으로 새롭게 해석할 수 있듯이, 내 삶의 판을 바꿔서 다시 써나간다면 과거에 사로잡혀서 현재와 미래를 헛되게 소비하는 일을 막을 수 있습니다. 새로운 관점은 새로운 가능성을 열어줍니다. 이 책을 읽는 분들이 자신의 삶에 얽혀, 나를 구속하고 있는 상실감, 환상, 자기애, 정체성, 초자아, 열등감, 공격성, 외로움 같은 문제의 매듭을 풀기를 바랍니다. 삶의 이야기를 새롭게 써 인생의 판을 바꿀 수 있기를 기대합니다.

◆ 차례 ◆

· 첫 번째 판 ·

헤어져야 하는 것과 헤어지려면

: 상실감 다루기

영원히 잊힌다는 것은 무(無)의 존재로 추락하는 것입니다.
그래서 잊힐 것 같은 불안은 늘 우리 옆에 있습니다.

잊는 것과 잊히는 것

기억은 지켜내는 일입니다. 망각의 병인 치매가 늘고 있습니다. 치매 환자는 관심의 대상이지만 환자가 잊은 사람은 관심의 대상이 아닙니다. 잊은 부모도 애처롭지만 잊힌 자식도 딱합니다.

　죄짓고 숨는 사람을 빼고는 누구도 망각의 대상이 되길 원하지 않습니다. 추모회는 잊지 않겠다는 다짐을 하는 행사입니다. 효(孝)를 행하는 제사와 성묘는 조상을 기억하는 행위입니다. 설, 추석, 생신 모임은 살아 계신 분에게 기억하고 있다고 증명하는 것입니다. 집단적 맹세는 자손에게도 중요합니다. 서로 간의 관계를 재확인하면서 자신이 살아가는 삶의 굴곡을 견디게 하는 힘이 됩니다.

　어울리며 사는 것이 삶의 본질입니다. 다른 사람에게 잊힌다면 본질이 훼손된 것입니다. 잊힌 사람의 자존감은 흔들립니다. 잊은 사람과 맺은 연결이 끊어진 것입니다. 평소에 편지도 쓰고 카드도 보내는 이유는 잊지 말고 기억해달라는 부탁입니다.

부모는 세월이 흘러도 아이를 통해 자신이 기억되기를 원합니다. 그래서 이름 대신에 누구 아빠, 누구 엄마로 불려도 기분 나빠하지 않습니다. 아직 결혼하지 않고 있는 자식에게 느끼는 조급함에는 기억의 고리가 끊어질 것 같은 불안이 숨어 있습니다.

텔레비전에서 복면으로 정체를 가리고 노래하는 프로그램을 즐겨봅니다. 들키지 않으려고 애쓰면서도 끝까지 못 알아보면 섭섭해합니다. 복면을 벗는 순간 그 사람은 기억을 넘어 다시 태어납니다. 여러 출연자들의 출연 동기가 그러합니다.

잊힌 사람은 잊은 사람의 행위를 정당화할 '이유'를 찾습니다. 납득할 만한 이유를 찾으면 마음이 조금 풀어지지만 자존감을 회복하기에는 모자랍니다. 자신이 그 사람에게 그저 그런 사람이었다는 인식은 마음에 흉터를 남깁니다. 잊히는 경험이 반복되면 남이 나를 잊지 않도록 신경을 쓰며 살아야 하니 삶이 너무 힘듭니다.

무의식의 영역에서는 잊히는 것이 버려지는 것이고 궁극적으로는 죽음입니다. 영원히 잊힌다는 것은 무(無)의 존재로 추락하는 것입니다. 그래서 잊힐 것 같은 불안은 늘 우리 옆에 있습니다. 자신이 잊혔음을 깨닫는 순간, 불안은 공포와 우울로 모습을 바꿉니다.

영국 분석가 로널드 페어베언(Ronald Fairbairn)은 관계 추구의 욕구가 인간을 움직이는 큰 힘이라고 주장한 바 있습니다. 망각되는 것에 가장 예민한 사람은 아마도 연예인과 정치인일 것입니다. 그들이 대중에게 잊힌다면 직업적으로 '사망 선고'를 받은 것과 같습니다. 그런 일을 막으려고 흔히 무리한 말을 하거나 가짜 뉴스를 퍼뜨려서 주목을 끕니다. 탄로가 나서 악명을 떨치더라도 잊히는 것보다 훨씬 낫다고 생각합니다.

사귀는 사람이 헤어지자고 할 때는 차분하게 상황을 살펴야 합니다. 진심으로 헤어지자는 것인지, 잊히지 않으려고 자기 마음에 '예방주사'를 놓은 것인지를 헤아려야 합니다. 진심이 아닌 예방주사라면? 자존감이 낮을수록 자신이 잊힐까 불안해합니다. 그 사람이 헤어지자고 하는 말을, 자신의 옆에서 격려하고 위로하며 기억해주길 바라는 소망으로 번역해서 공감하면 관계는 이어질 것입니다.

욕망의 양면성은 동전의 양면과 같습니다. 기억의 희망이 앞면에, 망각의 소망이 뒷면에 새겨져 있습니다. 사람은 관계를 희망하면서도 홀로 있을 자유를 소망합니다. 사랑과 미움을 같은 사람에게 동시에 느끼는 양가감정(兩價感情)과 비슷합니다. 이는 무의식의 작용이어서 스스로는 거의 깨닫지 못합니다.

같은 공간에 있어야만 잊지 않고 잊히지 않는 것은 아닙니다. 마음에 저장된 그 사람의 이미지를 불러올 수 있다면 잊지 않고 잊히지 않습니다. 왜 다 큰 어른이 급할 때 '엄마'를 소리 내서 찾을까요? 눈앞에는 없어도 마음속 엄마가 도울 수 있다는 평소의 믿음이 갑자기 터져 나오는 것입니다.

소셜네트워크서비스에도 '망각에 대한 불안'이 반영됩니다. '좋아요'와 댓글로 남들이 나를 기억하고 있다는 점을 확인하려 합니다. 그것들에 몰입할수록 혼자 있을 때 느끼는 외로움은 늘어납니다. 지나치면 남이 보는 내가 아닌, 내가 보는 나에게서 점점 멀어집니다. 벗어나려면 실제로 얼굴을 보면서 만나 대화하는 관계로 균형을 맞추어 보충해야 합니다.

내가 나를 잊어버리는 것보다 심한 망각이 있을까요? 과거의 나에게 매이면 현재의 나를 잃어버리고, 내 정체성과 삶의 소명을 잃어버리게 되면 인생이 흔들립니다.

첫 번째 판

슬픔에 유효 기간을 설정하자

미국 학회장에서 만났습니다. 생각보다 훨씬 더 늙어 보였습니다. 가끔 그간의 사정을 편지로 듣기는 했습니다. 그가 격하게 말을 뱉어냈습니다. "겪어보지 않은 사람들이 무책임하게 그렇게 말하면 절대로 안 된다"라고. 평소의 이성적이고 차분한 모습과 너무 달라 당황했습니다. 젊은 아들을 암으로 잃은 노년의 그는 아직 우울과 분노에 싸여 있었습니다. 그런 그가 미국 정신의학회가 펴낸 『정신장애 진단 및 통계 편람』의 애도에 관한 내용을 비판한 것입니다. 애도를 '끝내야 하는 기간'을 너무 짧게 규정한 내용이 현실과 거리가 멀다고 화를 낸 것입니다. 고통스러운 항암치료도 소용없이 자식을 앞서 보낸 아버지의 마음을 헤아리는 데 오래 걸리지는 않았습니다.

출생은 상실입니다. 어머니 자궁 안의 편안함과 안전함을 바깥세상으로 나오면서 잃어버리는 행위입니다. 사람은 세상을 떠날 때까지 사람, 자리, 물건, 돈은 물론이고 이상, 소망, 꿈, 희망을 떠나보냅니다.

으뜸은 배 아파 낳아서 정성으로 키운 자식을 잃는 일일 것입니다. 사랑하는 사람이나 배우자의 경우도 못지않습니다. 삶은 상실의 연속입니다.

상실에는 애도가 뒤따릅니다. 애도의 과정이 순탄하면 빈 마음이 채워지고 삶이 이어집니다. 심하게 겪으면 우울증이나 정신병 같은 후유증도 생깁니다. 애도 과정에서 어려움을 겪는 사람은 마음을 지키는 일이 쉽지 않으니 주변 사람들이 참고 보살펴야 합니다. 잃어버린 사람의 모습이 보이고 목소리까지도 들린다면 전문가의 도움이 필요합니다.

애도 과정은 기찻길 같습니다. 잃어버린 대상을 놓아주고 싶은 마음과 붙잡고 싶은 마음이 평행선을 달리면서 팽팽한 긴장 상태가 만들어지고 갈등이 자리를 굳힙니다. 주변 사람의 마음에 파장을 일으킬 정도로 갈등의 힘은 강합니다.

출근길 그 현수막은 늘 그 자리에서 펄럭였습니다. 오래전에 실종된 자식을 찾으려는 부모의 눈물이 낡은 현수막에 담겼습니다. 보는 이의 마음에 눈물이 번집니다. 현수막의 빛바랜 '실종' 문구는 살아 있어 달라는 외침, 기도입니다. 실낱같은 희망이 멈춘 애도는 고문입니다.

장례 절차는 모든 문화권에서 복잡합니다. 세월이 축적한 애도의 모습이 절차에 녹아 있습니다. 규범과 의례를 따라 치르는 장례는 망자에 대한 예의이기도 하지만 산 사람들의 애도를 '숙성'시키는 배려입니다.

애도에 유효 기간은 없습니다. 평생 가기도 합니다. 서두른다고 되지 않습니다. 세월이 가면 기억이 희석될 뿐입니다. 애도 과정에 나타나는 방해꾼을 조심해야 합니다. 휘말리면 부작용이 크게, 오래 남습니다. 사회적 관심이 큰 사건은 애도 과정이 더 취약해집니다. 마음을 알아준다며 생색내던 방해꾼은 목적을 이루면 모습을 감춥니다.

발목이 잡힌 애도는 몸과 마음 모두를 위협합니다. 식사, 수면, 운동이 흔들립니다. 앓고 있던 병이 심해집니다. 마음의 부담은 말할 것도 없습니다. 흡연이나 음주로 덜어내다가 더 나빠집니다.

불안, 우울, 분노는 애도의 동반자입니다. 분노가 표출되면 도움 주려는 사람을 밀어냅니다. 위로받지 못하면 외로움이 따라옵니다. 남을 향했던 분노가 자신에게 되돌아오면 죄책감으로 이어지고 심하면 우울증에 걸립니다.

애도 과정이 순조롭지 않으면 상실로 고통받는 사람이 희생을 크게 치릅니다. 잃어버린 자식에 대한 기억과 자신의 삶 사이에 심리적인 거리를 잘 유지해야 합니다. 너무 가까워도, 너무 멀어도 바람직하지 않습니다. 너무 힘들면 망설이지 말고 전문가의 도움을 받으십시오.

자식의 죽음에 책임을 지려는 순간 부모의 삶은 완전히 무너집니다. 자식을 따라가는 극단적 선택을 하기도 합니다. 누구도 어쩔 수 없었던 일입니다. 일상의 행복으로 복귀하는 것을 나쁜 부모의 배신으로, 자식을 기억에서 지워버리려는 행위로 여길 이유는 전혀 없습니다. 죄책감을 느낀다면 애도는 어려워집니다. 자신을 스스로 너무 힘들게 하는 것은 아닌지 생각해봐야 합니다.

섭섭함, 분노, 사회적 고립이라는 악순환에 빠지지 않아야 합니다. 잃어버린 삶을 다시 찾은 길이 멀어집니다. 평생 '외상 후 스트레스 장애'를 앓을 수도 있습니다.

남들이 나를 조금도 이해 못 한다고 단정하지 마십시오. 사람 사는 형편은 다 비슷비슷합니다. 섭섭한 말을 들어도 원수로 삼지 않아야 합니다. 나도 남의 마음을 완벽하게 이해할 수는 없으니 모두 다 나를 떠나게 할 필요는 없습니다.

자식을 기억하는 일만 하며 살 수는 없습니다. 먼저 떠난 자식도 부모가 그렇게 살아가기를 원하지는 않을 겁니다. 자식의 죽음에 따른 죄책감, 일탈, 애도에 관심이 있다면 이탈리아 영화 〈아들의 방〉을 권합니다. 정신분석가도 삶에서는 평범한 인간임을 발견할 것입니다.

상실과 애도는 삶에 공기처럼 존재하고 있어서 피할 수 없으니, 순리대로 겪어야 참된 삶을 살 수 있다고 영화는 전합니다. 애도하며 살다가 세상을 떠나면 남은 사람들이 자신을 애도하도록 하는 묘한 존재가 바로 사람입니다.

퇴직하는 이들을 위한 심리학

문이 안 열립니다. 당황하고 불안합니다. 퇴직하는 날입니다. 근무시간 종료까지 몇 시간이 남았는데 출입증이 작동이 안 됩니다. 격리 불안이 가슴을 파고듭니다. 퇴출당한 느낌이 확 닥쳐옵니다. 무슨 일일까? 교수 연구실 구역에 등록된 출입증 내역을 너무 일찍 삭제했다고 합니다. 수습은 되었지만 기분 좋을 리 없습니다.

다행히 글쓰기 소재가 생겼습니다. 사직, 퇴직의 실체는 상실입니다. 하던 일을 잃는 것입니다. 일은 과연 내게 무엇일까요? 일은 도전, 관계, 협동, 돈을 상징합니다. 일은 자아 정체성의 한 축입니다. 일이 있으면 쓸모 있는 사람이고, 없으면 방치된 사람이라고 느낍니다. 일은 삶의 틀입니다. 일이 없으면 생체리듬 혼란, 불면증, 우울증이 찾아옵니다.

오래 해오던 일을 떠난다는 것은 보통 일이 아닙니다. 정리할 것도 준비할 것도 많고, 마음도 잘 다스려야 합니다. 불안, 두려움, 현직 동료에게 느끼는 복잡한 감정이 마음에 들락날락합니다. 감정의 폭풍이 몰려오면 마음의 균형을 잡기가 어렵습니다. '거세'된 느낌을 느끼면 최악입니다.

자발적으로 그만두는 것이 아니고 밀려 나가는 것이면 고통은 최고조에 이릅니다. 사직이나 퇴직도 상실이니 애도의 대상입니다. 마음의 고통을 외면하려고 '눈 가리고 아웅' 해봤자 부작용만 겪습니다. 기대와 현실, 희망과 절망을 오락가락하면서 하나씩 깨달아야 합니다. 무엇을 깨달아야 할까요?

마음은 평생 단계를 밟으면서 발달합니다. 사직, 퇴직도 예외가 아닙니다. 현실을 빨리 인정해야 대책을 잘 세울 수 있습니다. 주도적으로 퇴직 이후의 삶을 선택해야 합니다. 내 삶의 의미를 성찰해야 자포자기에 빠져 은둔자로 살지 않고 지속 가능한 삶을 이룹니다.

퇴직이 곧 '영원한 무직'은 아니지만 결국 아무것도 다시 시작하지 못할 것이라는 불안은 떨치기 힘듭니다. 서둘러 단정할 이유는 없습니다. 가장 좋은 극복법은 자신에게 딱 맞는 퇴직의 의미를 찾는 것부터 시작합니다.

새로운 시작은 늘 부담입니다. 익숙했던 과거와 헤어져야 합니다. 연착륙의 비결은 학습과 훈련입니다. 서류 복사부터 은행, 우체국, 대중교통 이용법까지 새로 배워야 합니다. 모두 기꺼이 해야 합니다. 과거의 '영광'이 단절되어 생긴 금단 증상을 잘 다스려야 적응에 성공합니다. 과거의 자기 이미지에서 못 벗어나면 실패합니다.

매일 아침 "지난 세월 대단했다! 앞으로도 파이팅!"을 외칩시다. 가족이 눈치를 주면 속으로 해도 됩니다. 매일 열 번씩. 부끄럽게 생각하지 맙시다. 자존감 살리기에 그것이 '보약'입니다. 몸도 건강하게 관리합시다. 바빠서 챙기지 못했으니, 돈과 시간이 들어도 건강검진을 받아야 합니다. '호미로 막을 것을 가래로 막는' 어리석음을 피하려는 것입니다.

뒤돌아봅니다. 생각이 들쑥날쑥 이어집니다. 의미 있게 산 것 같기도, 헛되게 산 것 같기도 합니다. 혼란스럽지만 마음을 가다듬습니다. 살아온 인생의 '의미'는 주관적이어서 이랬다저랬다 잘 변합니다. 죽 끓듯 해서 믿을 수 없습니다. 자신의 삶에 대한 평가는 '코끼리 더듬기'입니다. 코를 만지면 코, 몸통을 만지면 몸통, 꼬리를 만지면 꼬리라고 합니다. 그때그때 기분의 영향을 받습니다. 성공한 삶, 패배한 삶의 구분은 변덕을 자주 부립니다. 성숙한 자세로 남과 비교하지 말고 긍정적으로 평가합시다!

퇴직 전에 했던 일을 계속하길 원하시나요? 누구나 익숙한 일을 좋아합니다. 낯선 일은 찾기도, 시작하기도 힘듭니다. 전문가는 자신의 분야를 떠나기 싫어합니다. 위태롭게 느낍니다. 그 분야에서 '개근상'도, '우등상'도 받았다면 더욱 그러할 것입니다. 여의찮으면 인생은 단거리 경주가 아니라 마라톤이라고 생각하고 용기를 내서 종목을 바꿔야 합니다.

사직이나 퇴직을 하면 여기저기 문제가 기다립니다. 건강 문제, 가족 문제, 돈 문제입니다. 형편에 따라 혼자서 견딜 궁리도 해야 합니다. 같이 살아도 월급을 타 오던 시절 가족이 아닙니다. 직장 후배에게도 현직이 아니니 말이 먹히지 않습니다. 건성으로 듣는 눈치입니다. 삶에 위기가 닥쳤다는 느낌이 확 닥칩니다.

퇴직자의 마음은 말랑말랑해야 합니다. 융통성이 있어야 합니다. 마음을 보살피면서 관계를 다듬어야 합니다. 굳어진 마음을 풀고 펴면 갈등과 충돌을 피할 수 있습니다. 너무 멀리 있는 목표를 쳐다보지 말고 눈앞의 작은 일부터 빨리 꾸준히 실천하면 좋습니다. 사소한 취미 생활도 자존감을 지키는 데 쓸모가 있습니다. 내가 누구인지를 잊어버리지 않아야 합니다. 내가 나를 잊으면 회복하기 힘듭니다. 융통성은 관계를 위해, 자아 상실 예방은 자존감을 지키기 위해 필요합니다.

퇴직 생활의 실체는 할 일과 갈 곳이 없다는 것입니다. 잔병을 잘 치르고 스트레스에 취약해집니다. 사소한 일에도 섭섭해합니다. 건강을 위한다며 홀로 등산을 가지만, 이는 세상과 등지려는 마음일지도 모릅니다.

같이 있어도 문제가 생깁니다. 시간이 많으니 사람이 눈에 들어옵니다. 가족은 더 잘 보입니다. 관심과 배려라는 이름으로 간섭하다가 충돌합니다. 집 밖의 모임에서는 더욱 말을 아껴야 합니다. '한턱' 쓰는 능력이 사라졌으니 꼭 그렇게 해야만 합니다.

인생의 판이 달라졌다는 현실을 받아들이면 가능성이 보입니다. 목적지를 정하고 늦기 전에 부지런히 걸어야 합니다. 낯선 곳에서 하는 낯선 경험도 나쁜 일이 아니라면 회피하지 맙시다. 걷다가 과거가 그리워서 뒤돌아보면 넘어집니다.

너무 멀리 보면 길이 안 보입니다. 옆에서 찾아야 합니다. 새로운 기회가 저절로 찾아오지는 않습니다. 내가 나서서 찾아야 합니다. 집중하고 몰입하고 고민해야 합니다. 인생에서 잃은 것이 있으면 반드시 얻을 것도 있습니다.

실패 성향에서 벗어나기

한 해가 지나가려고 할 때 삶을 돌아보기 마련입니다. 성공과 실패가 각각 얼마를 차지하는지 따져봅니다. 계산이 쉽지 않습니다. 무엇이 성공이고 실패인지 정의가 필요합니다. 판단은 어렵습니다. 돈을 많이 벌었으면 성공, 아니면 실패일까요? 돈을 벌어서 빚을 갚았다면 성공이겠습니다. 검소하지만 평온한 삶을 소망해왔다면 돈을 벌려고 시간과 에너지를 쓴 것이 실패일 수도 있습니다. 돈 번 것을 남들이 부러워한다면 삶이 어수선합니다.

성공이 끝이 아닙니다. 자아 기능이 약하면 부러움의 폭격에 무너집니다. 실패도 끝이 아닙니다. 자아 기능이 강하면 성공의 발판이 됩니다. 마음의 눈으로 잘 보면 '성공이 실패' '실패가 성공'일지도 모릅니다. 비워야 채웁니다. 채우는 것과 비우는 것은 동전의 양면과 같습니다.

작정하고 실패하는 사람도 있습니다. 자신도 모르게 그렇게 합니다.

그렇게 했을 때 의식에서는 '뜻대로 안 된 것'으로 보지만, 무의식에서는 '뜻대로 된 것'으로 여깁니다. 무의식이 실패를 불러오려고 쓰는 도구는 공격성이나 죄책감입니다. 성공에 따른 파장이 두려우면 공격성이 나섭니다. 성공에 따른 포만감이 겁나면 죄책감이 나섭니다.

실패 성향이 강하게 반복되면 술, 담배, 약물 중독 같은 '중독'입니다. 반복되는 실패는 학습, 기억, 판단, 결정, 통제가 마비되는 증상으로 나타납니다. 성공의 싹을 잘라버리는 행위는 어떤 일도 다 할 수 있다는 유아적 욕구에서 나옵니다. 그러한 환상에 취하면 명백하게 이득을 볼 사업도 성취 직전에 눈앞에 뻔히 보이는 장애물에 걸려 넘어져서 망칩니다.

유아적 욕구는 어른이 되어도 남아서 마음을 움직입니다. 유아적 공격성과 죄책감은 자아, 초자아, 현실이 모두 나서서 말려도 성공을 실패로 뒤집습니다.

실패 성향에는 보호 기능도 있습니다. '눈이 높은' 사람의 마음에는 자신이 원하는 이성(異性)에게 거부당할 것 같은 두려움이 있습니다. 그래서 마음이 끌리는 순간 사귀고 싶은 상대를 밀어냅니다. 나를 보호하는 것입니다. 내 공격성이 남을 해칠 것 같으면 미리 남이 나를 밀어내도록 냉담하게 대하거나 비꼬거나 변덕을 부립니다. 쌍방을 모두 공격성에서 보호한 것입니다. 남이 나를 그렇게 오해해도 어쩔수 없습니다. 외면상으로는 남이 나를 밀어낸 것이니 미안할 것이 없습니다.

자신이 무의식적으로 실패를 원했다해도, 실패는 쓰라립니다. 마음을 수습하려고 운명, 팔자, 박복, 현실, 다른 사람 핑계를 댑니다. 원인이 자신에게 있다고 어렴풋이 느껴도 부인합니다. '놓친 고기가 더 커보이니' 선뜻 인정했다가 마음이 아플 것을 두려워합니다. 기회를 살리지 못한 사람보다 기회에서 달아난 사람이 더 힘든 것입니다.

이런 사람이 나중에 깨달음을 얻는다면 이렇게 말할 것 같습니다. '환상에 사로잡혀서 기회가 찾아오기만 기다렸습니다. 눈앞에 놓고도 머뭇거렸습니다. 겨우 잡았지만 최선을 다하지 않았습니다. 힘든 일이 생기자마자 주저앉아 버렸습니다.'

자아 기능이 너무 허약하면 성공에 따른 뒷감당이 안 됩니다. 꽤 많은 사람이 그런 식으로 삽니다. 분명히 해낼 수 있는 도전도 하지 않습니다. '나는 그런 일을 해낼 능력이 없다'며 뒷걸음칩니다. 겸손한 것이 아니고 자존감이 낮아 두려운 것입니다. '큰 잘못 없이 무사히 마쳤다'라고 하는 퇴임사는 정말 싫습니다. 허망한 자기 방어입니다. '무사(無事)히'는 아무 일도 하지 않았다는 고백입니다.

다소 이해는 하지만 두려움 때문에 마음의 동굴에 숨는다면, 마음을 달래는 동안 기회는 동굴 밖을 말없이 지나갑니다. 결과가 아닌 과정으로 실패를 간주해야 기회가 보입니다. 실패의 강에서 빠져나오려면 힘들어도 지쳐도 목표까지 헤엄쳐서 도달하는 경험을 해야 합니다. 실패 뒤에 있는 '진짜 얼굴'을 발견하면 벗어날 길이 보입니다. 다행히 매년 우리 모두에게 새해가 다가옵니다. 새 기회가 제공됩니다.

첫 번째 판

애도를 잘하는 여섯 가지 방법

사람은 무르고 약합니다. 갑자기 사라지거나 병으로 소중한 것을 잃거나 세상을 떠납니다. 건강해도 매일 살날은 짧아지니 삶은 '상실'과 동거하는 것입니다. 상실은 '잃어버림'입니다. 사람이나 물건만이 아닙니다. 행복, 명예, 기회와 같이 보이지 않는 것도 잃어버립니다. 사전에 나오는 '상실'의 대상은 물건, 사람, 관계, 땅, 몸, 돈, 기회, 감정, 의식, 모습, 상태, 길, 방향, 의미 등입니다. 아예 잃어버렸다는 의미가 내포된 이별, 배신, 실직, 사고, 질병도 있습니다.

잃어버리면 자책합니다. 길에서 잃어버린 손수건이 흔한 것이라면 잠시 속상할 것입니다. 그 사람이 선물한 것이라면 심하게 자책할 것입니다. 잃은 사람이 있으면 얻은 사람도 있습니다. 잃을 때가 있으면 얻을 때도 있습니다. 상실했다고 성취한 사람 앞에서 고개를 숙일 필요는 없습니다. 딛고 일어날 방법을 찾으면 됩니다.

상실이 남긴 마음의 상처를 달래려고, 인정하기 싫은 책임을 남에게 투사(投射)해버린다면 잠시 달콤할 것입니다. 그러나 설탕에 탐닉하면 몸을 망치고 투사에 빠지면 마음을 망칩니다.

애도는 상실이라는 상황에 등장하는 '마무리 투수'입니다. 애도의 과정은 힘들고 느립니다. 고통을 부정하면 고통은 늘어납니다. 남이 이해한다고 해도 큰 도움은 안 됩니다. 내가 직면해서 해결해야 합니다.

상실과 애도의 결정판은 죽음을 앞두고 벌어집니다. 엘리자베스 퀴블러 로스(Elisabeth Kübler-Ross)는 죽음을 앞둔 사람이 '부정-분노-협상-우울-수용'의 다섯 단계를 겪는다고 했습니다. 하지만 죽음을 앞둔 경험은 매우 개인적이어서 누구나 그런 순서로 모든 단계를 거치지는 않습니다.

경미한 상실을 따르는 애도에도 평정심은 흔들립니다. 잠을 설치고 일이 손에 안 잡혀도 부끄러워할 필요는 없습니다. 삶이 무너지는 병적인 애도가 아니라면, 애도는 상실에 대한 정상적이고 보편적인 반응입니다. 상실을 부정하고 애도를 억제하면 오히려 문제를 키웁니다.

나올 것은 아무리 눌러도 결국 터져 나옵니다. 직면과 극복이 애도의 빠른 길인데 '표준 처방'은 없습니다. 할 수 있는, 너무 힘들지 않은 일을 내가 처한 상황과 내 성격에 맞춰서 천천히 하면 됩니다.

애도 과정을 순탄하게 겪는 데 다음 이야기들이 도움이 될 수도 있겠습니다. 첫째, 상실을 인정하고 애도의 고통을 받아들이십시오. 상실이 클수록 인정하기가 싫어서 부정(否定)으로 방어하고 싶어 합니다. 인정할 것은 어차피 인정해야 합니다. 울고 싶을 때는 울어도 됩니다. 남이나 나를 해치는 폭력이 아니라면 화를 표현해도 됩니다. 고통스러워도 느낄 것은 느껴야 합니다. 억지로 마음에서 지울 수는 없습니다. 잊어야 꼭 살 수 있는 것은 아닙니다. 잊지 않으면서도 삶을 계속할 수 있습니다. 슬픔, 분노, 고통을 극복하고 삶에서 새로운 의미를 찾아 사는 일이 건강한 애도의 핵심입니다.

둘째, 애도는 당연히 몸과 마음에 영향을 줍니다. 피로, 체중 변화, 통증, 면역력 저하를 겪고 불안과 우울에 시달립니다. 몸을 움직이면 몸도 좋아지고 마음의 고통을 줄일 수 있습니다. 애도 과정에서 가끔 우울하다고 꼭 우울증이 되는 것은 아니니 너무 걱정 안 해도 됩니다.

셋째, 애도는 개인적 경험이면서 누구나 겪는 보편적 경험입니다. 도움을 받는다고 부끄러워할 이유가 없습니다. 사람이란 사회를 이루어 사는 동물이니 누가 돕고 누가 도움을 받는 것은 당연합니다. 막막하고 힘들수록 자신에게 솔직해야 합니다. 있는 그대로 받아들이면 그리움이나 외로움으로 희석될 일만 남습니다. 받아들이지 않고 저항하면 절망으로 남습니다. 믿고 의지할 사람이 가까이 있으면 말이 없어도 도움이 됩니다.

넷째, 애도의 장애물은 죄책감입니다. 상실의 책임을 스스로 지려는 도덕적 판단의 결과입니다. 죄책감이 번지면 냉철한 판단이 힘들어서 우울증이 됩니다. 전문가의 도움이 필요합니다.

다섯째, 애도의 동반자는 분노입니다. 말없이 떠난 사람, 냉담한 세상, 응답이 없는 절대자에게 분노합니다. 상처 입은 자신의 취약성, 삶의 유한성에 대한 두려움이 들수록 분노는 증폭됩니다. 통제되지 않는 분노는 폭발물입니다. 이럴 때도 전문가의 도움이 필요합니다.

여섯째, 애도는 반년이 넘도록 정리되지 않으면 몸과 마음의 에너지가 바닥을 치는 소모전으로 넘어갑니다. 건강이 흔들리고 자존감이 내려갑니다. 자신의 느낌에 솔직하게, 어떤 일도 과도하지 않게 살아야 합니다. 친구는 가까이하고 술은 멀리하면 좋습니다. 너무 불안하거나 우울하면 전문의에게 약물치료를 받아 힘든 시기를 벗어나야 합니다. 단, 약물에만 의존해서 애도 과정을 멈추면 안 됩니다. 직면하고 마주 보아야 합니다. 사랑과 미움을 동시에 불러일으키며 떠난 사람을 주로 좋은 기억으로 떠올릴 수 있다면 애도 과정을 졸업한 것입니다. 잠잠하게 살면 평안합니다. 가끔 허탈하게 웃어도 좋습니다.

첫 번째 판

첫 만남과 끝 만남

첫 만남에서는 가슴이 뜁니다. 만남은 만나기 전부터 시작됩니다. 어떤 사람일까, 모습은 어떠할까, 성격은? 내가 호감을 느낄까, 나를 어떻게 생각할까? 이런 질문들이 기대에 부풀게 합니다.

만나는 이유는 다양하고, 만났다고 꼭 인연이 이어지는 것은 아닙니다. 하지만 만나기 전부터 헤어질 것을 알고 만나지는 않습니다. 예외적으로 헤어질 것을 뻔히 알면서 시작하는 관계가 있습니다. 정신분석입니다. 분석을 받겠다는 사람의 요청으로 시작되고, 일주일에 3~4회, 한 번에 45분이나 50분, 여러 해 동안 만납니다. 시간, 비용, 에너지가 필요한 큰 결정입니다.

원한다고 해서 첫 만남에서 분석을 시작하지는 않습니다. 적어도 서너 번 만나 과연 분석이 그 사람에게 가장 도움이 되는 방법인지를 판단해야 합니다. 최선의 선택이 아니라면 다른 방법을 권합니다. 분석을 원하는 사람은 처음 만난 분석가가 여러 해 걸리는 '여행'의 동반자로서 '마음의 주파수'가 맞는지, '여행 경비'는 감당할 수준인지 등을 신중하게 검토하고 결정해야 합니다.

분석을 원하는 사람과 분석가의 만남은 일상과 다릅니다. 분석가는 어떤 문제로 찾아오는지, 감당할 만한 문제인지를 두고 긴장합니다. 상대방은 희망과 기대, 불안과 긴장이 섞인 상태로 문제를 해결해줄 수 있을지 반쯤은 믿고 반쯤은 의심하며 들어옵니다.

첫 만남의 핵심은 무엇일까요? 고통스러운 문제에 대한 정확한 해결책을 제시하는 것일까요? 분석의 출발점은 분석가의 확신, 자신감이 아닙니다. 이해하기 어려운 것이 많다고 인정하는 데서 시작합니다. 피분석자 자신도 몰라서 찾아온 마음의 흐름을 분석가가 어떻게 단숨에 알아채서 도울 수 있을까요?

첫 만남에서 분석가가 희망, 낙관을 이야기한다면 분석의 실체를 모르는 사람이라는 의심을 해도 됩니다. 한 시간도 되지 않았는데 '신선한 해석'을 던진다면 풋과일을 맛보라는 것과 같은, 미숙한 해석입니다.

분석의 견고한 기반은 모르는 것을 인정하고 알아보려는 태도입니다. 첫 만남에서 섣부른 해석을 하기보다는 초면의 사람이 느끼는 불안과 두려움을 말로 옮겨 표현하도록 합니다. 막연하고 힘든 감정도 말로 표현을 하면 감당할 수 있습니다. 말이 나를, 내 생각을, 내 감정을 느끼고 파악하게 해야 합니다. 분석의 도구는 말입니다.

자기 과시가 아닌, 이해하려는 태도를 분석가가 보여야 피분석자의 마음에 희망과 변화를 불러올 수 있습니다. 첫 시간의 불안과 두려움을 덮으려고만 한다면 분석을 안 받겠다고, 분석을 안 하겠다고 두 사람이 합의하는 것과 같습니다. 첫 시간에 할 일은 첫 만남의 불안과 두려움을 회피하지 않고 직면하고 이해하는 것입니다.

처음 만날 때 선입견, 편견이 없어야 합니다. 동료 의사가 내린 진단을 덮어놓고 믿지는 않습니다. 의뢰서는 첫 시간이 끝나고 읽으라는 주장도 있습니다. 첫 시간은 사람과 사람이 마음을 열고 만나 분석이 그 사람에게 가장 좋은 방법인지를 고민하는 시간입니다.

분석의 기대 효과는? 첫째, 스스로 자신을 분석할 수 있는 자기 분석 능력이 생기길 기대합니다. 장기간 분석을 받아도 삶에서 부딪히는 모든 문제를 해결하고 재발을 막을 수는 없습니다. 마지막 시간에 새로운 문제가 나오면 어떻게 해야 하나요? 뉴욕의 저명한 분석가 한 분은 종결하는 만남을 약간 일찍 끝내곤 했습니다. 새로운 문제가 마지막 순간에 나오지 않도록 예방하는 전략이었다고 하니 독특합니다.

둘째, 살아오면서 겪은 일들을 개인의 역사에서 삭제할 방법은 없지만 새로운 관점으로 받아들이게 된다면 효과를 본 것입니다. 분석은 개인사의 개정 작업입니다. 삶을 이해하고 경험하는 새로운 방식을 만들어내고 익히는 일입니다.

분석이 종결된 이후에도 분석가의 모습과 말은 피분석자의 마음에 남습니다. 대상관계 이론으로 말하면 '대상 표상(表象)'으로, 자기심리학 이론으로는 '자기 대상'으로 남아, 힘든 순간에 알게 모르게 도움을 줍니다. 따라서 두 사람의 관계는 끝나도 끝난 관계가 아니므로 과정 중에는 물론이고 종결 이후도 개인적인 관계를 맺으면 안 됩니다. 예를 들어, 별일 아닌 것으로 생각하기 쉽지만, 분석 장소 외에서 만나 차를 마시거나 식사를 하는 것도 금기 사항입니다. 가장 심각한 사태는 두 사람이 애정관계를 맺는 겁니다. 이유를 막론하고 비분석적 관계는 명백한 직업윤리 위반입니다.

첫 만남은 끝 만남의 출발점입니다. 헤어진다는 전제로 시작했기에 피분석자에게 생각나는 대로 이야기하고 느끼는 대로 표현할 자유가 보장됩니다. 부끄러운 이야기도 부정적인 감정도 말로 꺼낼 수 있습니다. 분석가에게도 종결을 전제로 하는 만남은 분석 과정의 부담을 견디는 기반이 됩니다.

정신분석가 수련을 받을 때 이야기를 좀 해보겠습니다. 당시는 국내에 수련 프로그램이 없어서 미국에서 받았습니다. 언어와 문화 장벽은 있었으나 끝나면 서로 평생 다시 볼 일이 없어서 감추고 싶은 이야기도 비교적 쉽게 했습니다.

일상에서도 만남의 종결은 아무리 고통스러워도 궁극적 자유를 뜻합니다. 종속적인 만남이었다면 더욱 그러합니다. 끝이 보장되지 않는 만남은 속박입니다. 헤어질 자유는 사람과 사람 사이에서 기본 권리이지만 만남의 종결이 남길 상처를 줄이려면 세심한 과정을 거쳐야 합니다.

헤어진 다음에도 상대의 마음에 뭔가를 남기려 한다면 끝난 관계가 아닙니다. 끊어진 듯 이어진 관계는 자유를 속박합니다. 그러니 첫 만남에 못지않게 끝 만남에도 정성을 기울여야 합니다. 연인이나 부부 사이가 헤어져도 평생의 적이 되기보다는 친구로 남는다면 좋은 일입니다.

헤어지는 진짜 이유

분석이 시작되어도 선택과 결정에 대한 갈등은 지속됩니다. "이 분석
가가 내게 최상의 선택이었나?" "분석을 받기로 한 것이 과연 잘한 일
인가?" 관계는 동전의 양면과 같습니다. 좋은 감정과 싫은 감정이 같
이 있으면서 번갈아 나타납니다. 배우자를 선택하면서 겪는 흔들림과
비교할 정도는 아니지만 마음이 복잡합니다.

분석가도 입장이 비슷합니다. "내가 이 사람에게 최선의 선택일까?"
"분석이 아닌 정신치료 정도에 머물러야 했나, 약물치료를 같이 했어
야 했나?"라고 자신에게 질문을 던집니다.

정신분석을 바다에 비유하면, 평온한 날조차 깊은 바닷속에서는 힘
찬 움직임이 있습니다. 파도를 치며 밀어닥칠 준비를 하는 겁니다. 밀
어닥칠 파도의 이름은 '전이(轉移)'입니다. 피분석자가 과거에 경험한
대상에게 향했던 감정을 분석가에게 옮겨 온 현상입니다. 분석가는
전이를 '역전이(逆轉移)'로 맞아들입니다. 전이와 역전이가 만나서 서

로 주고받는 판이 분석의 판입니다.

분석은 끝나야 좋은 관계입니다. 제대로 분석이 안 된 상태로 중단하는 것이 아닌 적절한 과정을 밟아 이르는 종결을 말합니다. 바람직한 종결은 두 사람이 몇 달에 걸쳐 서로 의논하고 준비해서 합니다. 분석가가 일방적으로 끝내거나 피분석자가 고집해서 끝내면 종결이 아닌 중단입니다. 종결이 바람직한 시기는 분석가 없이도 스스로 마음을 분석할 수 있는 능력이 피분석자에게 생겼을 때입니다.

급하게 중단하고 일찍 떠나려 한다면 반드시 이유가 있습니다. 멀리 직장을 옮겨야 한다고 주장하는 경우를 생각해봅시다. 직장을 다녀야 월급이 나옵니다. 살려면 돈이 필요하니 말릴 일이 아닙니다. 분석의 중단은 어쩔 수 없어 보입니다.

여기까지 생각하고 끝나면 분석이 아닙니다. 왜 어떻게 이 시점에 이런 이야기가 나오는지를 살펴야 합니다. 현실의 불가피성인가? 아니면 친밀해진 것에 대한 두려움 때문에 벗어나려는 것인가? 외국 유학 등으로 분석 중단이 필요할 때도 비슷합니다.

분석 초기에 이미 분석의 중단이 예측되는 경우도 있습니다. 갈등 관계인 부모에게서 벗어나려는 소망이 피분석자의 마음에 가득 차 있다고 이해가 되었다면? 서둘러 떠나는 모습이 그려집니다. 전이를 통해 분석가를 부모처럼 느끼는 일은 흔합니다. 분석을 서둘러 끝내려는 욕구를 탐색하면 갈등 구조를 더 들여다볼 수 있습니다. 시작을 보면 끝이 보이고 끝을 보면 시작이 보입니다.

분석가가 피분석자에게 부정적인 '역전이' 감정을 느끼면 분석 중단 요구를 쉽게 생각 없이 받아들일 겁니다. 서둘러 결정하면 안 됩니다. 역전이를 스스로 분석해야 합니다. '울고 싶은데 뺨 때리니 고맙다'라는 마음이 분석가에게 있다면 정리해야 합니다.

분석이 순조롭지 않으면 분석가는 부담을 크게 받습니다. 공교롭게 이직이나 유학과 같은 현실적 이유가 분석 중단을 정당화한다면 동의할 가능성이 높습니다. 중단 요구에 즉각 동의하는 분석가는 좋은 분석가가 아닙니다. 중단 요구의 실체를, 동기와 과정을 두 사람이 같이 탐색, 이해해서 해석하는 과정을 거쳐야 합니다.

일상의 만남도 언젠가는 끝납니다. 헤어짐을 둘러싸고 드러난 이유와 숨은 이유는 다릅니다. 오해를 피하려면 숨은 이유를 찾아서 이해해야 합니다. 그러나 대화 없이는 이해도 없습니다. 어느 부부가 헤어지면서 남긴 유명한 말이 떠오릅니다. "사랑하기에 헤어진다." 드러낸 이유입니다. 감히 속뜻은 짐작도 못 하겠습니다. 만남은 열정으로 시작되고 헤어짐은 종종 의문으로 마무리됩니다.

헤어짐이 남긴 오해는 나를 두고두고 괴롭힐 것입니다. 내 잘못으로 헤어졌다는 생각에 사로잡힌다면 삶이 힘들어질 것입니다. 헤어짐은 어렵지만 잘 겪으면 덜 힘듭니다. 그 사람과 만나 대화를 나누는 일이 시작입니다. 미움의 감정보다는 남아 있는 애정에 집중하세요. 헤어짐을 겪는 고통도 나누면 줄어듭니다. 관계가 끝나야 하는 이유가 밝은 세계로 나올수록 부정적인 감정의 영향을 줄일 수 있습니다.

인연을 끊는 연습

영원한 관계가 있을까요? 삶은 헤어짐의 연속입니다. 만남은 헤어짐의 앞면입니다. 정든 집도 결국 이사 갈 집입니다. 물건은 사는 순간 버릴 물건이 됩니다.

물건이라고 쉽게 헤어질 수 없습니다. 두근거리며 처음 산 중고차는 겨울이 되자 속을 썩였습니다. 헤어지고 한 달은 힘들었습니다. 반세기 전 일인데도 아직도 또렷합니다.

헤어지지 못하면 집 안은 엉망입니다. 사람이 물건을 모시고 삽니다. 부피를 감당하기 어려운 책들을 모시고 살지만 정리는 쉽지 않습니다. 손때가 묻어서 혹은 읽을 예정이어서 못 버립니다. 정리법 공부도 큰 효과는 없습니다. 우공이산(愚公移山)의 심정으로 하려고 합니다.

나이가 들면서 주변에서 사람들이 사라집니다. 세상을 떠났거나, 병으로 거동이 불편해서, 생활의 여유가 없어서 모임에 못 나옵니다. 안타깝습니다.

아직도 만나시나요? 상처를 주는 사람과 헤어지지 못하고 있다면 심각합니다. 해결 순서를 알려드립니다. 첫째, 인정합시다, 내가 그 사람에게 당하면서 고통받고 있다는 사실을. 둘째, 까닭이 무엇인지는 이미 내 마음에 적혀 있습니다. 싫어도 고개를 돌리지 말고 크게 읽어야 합니다. '의존 욕구'가 그 사람 곁에서 충족되기 때문입니다. 셋째, 까닭을 알면 결심이 가능합니다. 넷째, 헤어지면 됩니다.

말이 쉽지 인연을 끊기는 어렵습니다. 주저하다가 주저앉습니다. 마음의 평화를 얻으려면 움직여야 합니다. 망설임은 여전히 기대고 싶다는 욕구의 표현입니다. 세상에 기댈 사람은 많습니다. 헤어져도 세상이 무너지지 않습니다. 정 힘들면 법정 스님의 인연에 대한 글을 읽기를 권합니다. 「함부로 인연을 맺지 마라」는 짧지만 명쾌합니다.

악연은 피해야 합니다. 가학증(加虐症)과 피학증(被虐症)이 만나면 최고의 악연입니다. 남의 고통을 즐기는 사람과 남이 내게 주는 고통을 즐기는 사람이 만나면 최악입니다. 가학증, 피학증 모두 지나치면 병이지만, 이런 성향들은 소위 정상인도 조금씩 지니고 있습니다.

나를 괴롭히는 사람과 헤어지지 못하면 그 사람이 나를 피학적 성향으로 길들였는지를 의심해보아야 합니다. 설마 그럴까요? 풀려난 인질이 자신을 가해한 범인을 두둔하는 모순적인 이야기도 가끔 들립니다.

이미 헤어지셨나요? 헤어진 후에 잘 살아야 합니다. 흔한 실수는 복수의 칼을 가는 것입니다. 삶의 낭비입니다. 내가 그 사람보다 더 오래, 더 행복하게 사는 것이 진정한 복수입니다.

헤어짐은 관계의 상실입니다. 상실(喪失)은 잃어버림입니다. 절대적인 상실은 죽음입니다. 죽은 사람은 인생을 잃어버렸고 남은 사람은 죽은 사람을 잃어버렸습니다. 상실의 첫 글자가 '잃을 실(失)'이 아니라 '죽을 상(喪)'이니 이야기가 됩니다.

죽음 뒤에는 애도가 따라옵니다. 애도하는 사람은 슬퍼하고 또 슬퍼합니다. 애도는 지나치지 않아야 하고 반년이 지나면 정리돼야 합니다. 부모, 배우자, 자식의 죽음을 어찌 그리 쉽게 잊을 수 있을까요? 어른들의 말씀처럼 산 사람은 살아야 합니다. 그것이 떠난 사람에 대한 있는 사람의 도리입니다. 애도가 지나치면 우울증에 빠지니 조심해야 합니다. 애도하고, 살아남고, 잘 지내는 것이 자연의 순리이자 건강한 삶입니다.

내가 나와 헤어져야 할 때도 있습니다. 지금의 나를 지킬 것인가, 새로운 나로 변할 것인가. 변화를 그렇게 바랐던 사람도 변화를 두려워합니다. 익숙한 나를 벗어나서 성숙한 나로 옮겨야 삶의

첫 번째 판

가치가 올라갑니다. 할 수 없다는 생각이 할 수 있다는 마음을 막아서 없애기 전에 행동해야 합니다.

헤어짐은 고통이지만 '성숙한 나'를 남기고 지킨다면 잘 헤어진 것입니다. 성숙해진 입장에서 새로운 관계를 새로운 얼굴로 맺으면 됩니다. 내 얼굴의 모습은 내 무의식이 결정합니다. 헤어짐의 고통에 사로잡힌 어두운 얼굴과 깨달음으로 빛나는 얼굴은 누구나 금방 알아볼 정도로 차이가 확 납니다. 얼굴이 빛나야 빛나는 사람을 만납니다. 어두운 얼굴 주변에는 어두운 사람이 모입니다.

· 두 번째 판 ·

꿈이 현실이 되려면

: 환상 다루기

환상이 내게 속삭입니다. 세상은 아름답고,
인생은 살 가치가 있으며, 나는 중요한 사람이다.
삶의 무게를 줄이는 방법이지만 지나치지 않아야 합니다.

균형감과 과도함, 아슬아슬 줄타기

지나치면 나쁜 건가요? 사람들은 흔히 '균형감'이 덕목이라고 생각합니다. 논쟁이 벌어지면 그들은 이쪽과 저쪽의 가운데 서려고 합니다. 중간쯤 가자는 겁니다. 상황에 따라 이쪽저쪽으로 쉽게 옮길 수 있어서 중간은 유리하고 '모난 돌이 정 맞는' 일도 없습니다.

균형감은 원만, 순리 같은 가치와 연결이 됩니다. 세상은 물 흐르듯이 살아야 한다는 말도 있습니다. 그렇게 배워왔고 앞으로도 수많은 사람이 그렇게 살려고 노력할 것입니다. 그러니 '불균형'은 피해야 하는 말이 되었습니다. 과연 그래야만 할까요?

'지나침'은 '충분함'에 비해 푸대접을 받습니다. "지나침은 미치지 못함과 같다"는 유명한 말도 있습니다. 그렇지 않게 살아야 한다고 배웠습니다. 정말 그래야만 할까요?

균형감은 늘 가져야 하고 지나침은 항상 주의해야 하나요? 예를 들어, 4차산업혁명 시대에 기업이 늘 해오던 대로 균형 상태를 고수한다면 성공은커녕 살아남을 수 있을까요? 연결과 융합이 화두라면 안정적 수익을 창출해왔던 균형을 깨고, 지나칠 정도로 불균형적인 전략을 써야 한다는 논리도 성립이 됩니다. 그렇게 해서 새로운 역량을 갖춘 균형 상태를 다시 이루어야 할 것입니다.

지나침에는 위험이 따르지만 개인도 시대의 흐름을 벗어날 수는 없습니다. 전통적으로 공무원, 교사, 의사, 변호사 같은 직업은 안정적이라고 생각해왔습니다. 반면 발전 가능성은 그리 높지 않다고 봅니다. 그런데 이미 그중 일부에서는 직업적 안정성조차 흔들리고 있습니다. 벤처 기업에 참여한다면 발전 가능성은 높지만 실패의 위험도 높습니다. 균형과 불균형, 충분함과 지나침 사이에서 조율이 필요합니다.

스포츠 경기에서도 균형은 중요합니다. 대한민국과 스웨덴 대표팀 사이의 월드컵 경기였습니다. 체격 좋은 스웨덴 선수들의 공격에 철저한 수비로 힘의 균형을 이루다가 한 방의 역습으로 득점하려는 감독의 의도가 비전문가의 눈에도 보였습니다. 상대 팀 선수 모두가 수비에 내내 치중한 우리 진영으로 내려와 있으니 축구장 면적이 반으로 줄어든 것 같았습니다. 부산 가는 서울발 기차를 대전까지 무임승차한 것과 다르지 않았습니다.

공격을 방어하는 힘의 균형은 이루어졌으나 수비 위주 작전으로 능력 있는 우리 공격수들이 졸지에 수비수들이 되어버렸습니다. 반으로 줄어든 축구장에 우리 수비와 상대 공격이 차고 넘쳤습니다. 공은 늘 우리 진영에서 놀았습니다. 상대 골문에 공을 차서 넣어야 이기는 축구의 본질이 실종되었습니다.

허탈감과 졸음을 참으며 경기를 보다가 마음의 균형이 깨졌습니다. 응원을 보냈던 많은 국민이 속이 상했을 겁니다. 일부는 감독과 선수들에게 비난을 퍼부었습니다. 16강 진출에 결정적인 두 경기가 남은 선수들이 마음의 균형을 잃고 포기할 것 같아 염려가 되었습니다. 앞으로 지나치게 공격에 치우치는 전략으로 갈 것도 걱정이 되었습니다.

우리 대표팀에 대한 일부 국민의 과도한 비난이 축구 경기 자체에서 왔을까요? 겉으로는 그렇지만 속으로는 다를 수 있습니다. 사람들은 운동경기에서 자신의 삶을 봅니다. 경기 결과와 자신의 인생 가치를 동일시합니다. 이기면 인생 성공이고, 지면 실패입니다. 인생 실패의 책임을 자신에게 묻는 일은 고통스러워서 피하고 싶습니다. 자신의 삶과 동떨어진 스포츠 경기에 비난의 화살을 돌리면 마음이 잠시 편안해질 겁니다. 그래서 때로는 비난의 화살을 스포츠 경기의 감독과 선수들에게 투사합니다.

경기는 경기로 즐기면 됩니다. 월드컵 16강 진출에 실패한다고 나라가 망하지는 않습니다. 일본이 남미의 강호와 첫 경기에서 승리했다고 비교할 필요도 없었습니다. 다른 나라와 비교해서 배우고 경쟁해야 할 훨씬 더 중요한 분야는 축구가 아닙니다.

경기장은 마음이 투사되는 대형 스크린입니다. 거리 응원의 함성은 국가의 정체성을 경기에 집단 투사한 결과입니다. 몰입은 마음의 에너지를 소비합니다. 딴 일에 쓸 에너지가 거기로 간 것입니다.

경기가 끝나고 흥분이 사라지면 허탈감에 이어 금단 증상이 찾아옵니다. 우리 팀이 이겼어도 내가 이긴 것은 아닙니다. 경기에는 시작과 끝이 있지만 삶은 진행형입니다. 내가 이겨야 할 삶은 여전히 내 앞에 펼쳐져 있습니다. 삶의 목표가 없어진 듯한 환각에서 빨리 깨어나서 내 삶으로 복귀해야 합니다. 그렇게 되려면 시청 중에도 몰입의 정도를 조절하고 거리를 유지해야 합니다. 끝나기 전에 일상으로 돌아올 준비를 해야 합니다. 경기 패배는 인생 패배가 아닙니다! 부모와 자식이 응원하며 어깨동무를 했다면 이긴 겁니다.

두 번째 판

고군분투와 심리적 보상

고군분투(孤軍奮鬪)라는 말을 아실 겁니다. 남의 도움을 받지 아니하고 힘에 벅찬 일을 잘해나가는 것입니다. 좋지 않은 일을 겪었지만 고군분투하면서 심리적 보상을 받은 경험을 공유해보려 합니다.

유럽 어느 대학의 정신분석학과에서 강연 초청을 받았습니다. 입국, 세관 서류가 없어 첫인상은 신선했습니다. 공항 밖으로 나왔을 때 한 남자가 말을 걸어옵니다. "택시?" "네!" 어두운 구석으로 이끕니다. 아닌 것 같아서 발길을 황급히 돌립니다. 택시 줄이 나옵니다. 다른 사람들도 기다리고 있습니다. 탁월한 선택! 잘했어! 자존감이 올라갑니다.

차례가 왔습니다. 호텔 이름과 주소를 운전사에게 줍니다. 고속도로를 달려 시내로 접어듭니다. 교통 정체가 서울보다 심합니다. 좁은 길을 꼬불꼬불 빙빙 돌아 목적지로 갑니다. 밖에는 어두움의 그림자가 내렸습니다.

낯선 도시의 어두움은 여행자의 마음에 불안을 키웁니다. 안전벨트를 확인하고 운전사의 동태도 가끔 살핍니다. 누군가 운전사에게 전화를 하는데 받지 않는군요. 호텔 앞입니다. 짐을 내리고 요금을 지불합니다.

양손에 가방을 끌며 걸음을 떼는 순간 누군가와 부딪힙니다. "미안합니다"라고 영어로 말했습니다. 출국 전에 들은 대로 그 말을 하지 않았어야 했습니다. 경직된 초자아의 표현입니다. 키가 큰 젊은 남자가 가는 척하다가 돌아서서 말을 겁니다. "일본 사람?" 무조건 무시하고 갈 길을 갔어야 했습니다. 일본 사람이라고? 불편해진 마음에 또 쓸데없이 "한국 사람!"이라고 대응합니다. 남자가 가까이 다가옵니다. "한국 축구, 최고!" 하며 공을 차는 시늉을 합니다. 아, 자랑스럽습니다.

어느 순간 남자가 두 손으로 가방 두 개를 잡고 있는 내 어깨를 자기 오른팔로 친근하게(?) 감쌉니다. 공을 차는 듯한 움직임을 시작하더니 갑자기 그의 발이 내 발을 차기 시작합니다. 점점 세게 찹니다. 아픕니다. 고개가 저절로 숙여지고 내 발로 시선이 향합니다. 나중에 생각해보니 바로 그때 틈이 벌어지면서 윗옷 속주머니에 든 지갑이 보였을 겁니다.

이상하게도 취한 듯, 최면에 걸린 듯 시간이 흘러갑니다. 호텔 현관

바로 앞길을 남자가 유쾌하게 걸어갑니다. 춤추듯 돌아보며 인사도 합니다. 장거리 비행기 여행의 피곤이 몰려옵니다. 짐을 끌고 들어와 숙박 등록을 하려는 순간 뭔가 허전합니다. 지갑이 홀연히 사라졌습니다. 밖으로 뛰쳐나갔지만 남자는 이미 보이지 않습니다.

밤새 좌절, 분노, 실망, 손상된 자존감이 돌아가면서 나를 괴롭혔습니다. 출국 전에 미리 들었지만, 알고도 당했습니다. 눈 뜨고 겪었습니다. 서울의 잠든 가족을 깨워 신용카드를 정지시켰습니다. 현금도 사라졌으니, 예약할 때 미리 숙박비 전액을 지불하지 않았다면 길거리에 짐을 들고 서 있었을 것입니다.

날이 밝자 초청한 교수와 함께 경찰서를 찾아 나섰습니다. 경찰서는 호텔에서 알려준 자리에 없습니다. 물어물어 건물 지하에 거의 숨어 있는 파견소를 찾았습니다. 경황이 없는 중에도, 디자인 강국의 경찰관 복장이 세련되다고 잠시 생각했습니다. 서류 작성에 세 시간이 걸렸습니다. 같은 질문을 왜 반복하는지 궁금해졌습니다. 기억력이 나쁜가? 아니면 답변의 신뢰도를 검증하기 위한 시나리오인가? 아마 후자일 것입니다. 끝나고 물었습니다. 앞으로 어떤 조치가 취해지나요? 작성된 서류를 담당 구역으로 넘긴다고 합니다. 결론은? 시간과 에너지 낭비입니다. 화려한 세계적인 문화 도시에서 극성스럽게 발생

하는 소매치기 통계에 한 건을 보탰습니다.

억울했습니다. 치미는 화를 다스려야 했습니다. 보상은 둘째치고 소매치기 놈을 꼭 잡고 싶었습니다. 왜 이곳 경찰은 호텔 폐쇄회로 카메라에 다 찍혀 있을 소매치기를 잡을 생각을 적극적으로 하지 않는 걸까? 왜 호텔은 녹화된 동영상을 경찰에 먼저 제공할 뜻이 없을까? 왜 이 나라는 이런 식으로 내 환상을 깨는 것인가? '문화 대국'의 평판은 어디에서 확인해야 할까?

호텔 방에 틀어박혀 속을 끓여보았자 먼지만 마십니다. 거리로 나갔습니다. 옷과 옷 사이에 여권 등을 넣은 작은 가방을 어깨에 걸어 앞에 차고 긴 겉옷으로 가렸습니다. 모양은 우습지만 누가 나를 알아볼 것도 아닙니다. 안전이 최고의 목표입니다. 강연을 들은 한국인 유학생들이 친절하게 가르쳐준 전철 타는 법을 써먹습니다. 거리에서 총격전이 있었다는 소식이 들려옵니다. 파업 행진도 보았습니다.

비록 나쁜 경험으로 첫날을 보냈으나 프랑스 파리는 정신의학 역사에서 중요한 두 가지 사건이 일어난 도시입니다. 프로이트는 장 마르탱 샤르코(Jean Martin Charcot)가 히스테리 환자에게 하는 최면 시술을 직접 보고, 히스테리가 뇌가 아닌 마음의 문제임을 깨달았습니다. 그 깨달음이 정신분석학 역사에 한 획을 그었습니다. 필리프 피넬

두 번째 판

(Philippe Pinel)은 오랜 세월 쇠사슬에 묶여 갇혀 지내던 정신질환자들을 풀어주고 인간적으로 치료해주었습니다. 그는 근대 정신의학의 아버지로 불립니다. 이 두 가지 역사적인 사건은 모두 파리의 살페트리에르 병원에서 일어났습니다. 그곳에 갔습니다. 책에서 읽는 것과 현장에 서서 발자취를 느끼는 것은 다릅니다. 남들을 위해 앞서 생각하고 행동했던 분들을 생각하며 남에게 상처받은 마음의 균형도 되찾고 싶었습니다.

파리의 '유대인 예술과 역사박물관'에서 〈프로이트 특별전〉이 열렸습니다. 아담한 건물에 기껏 수십 명 정도 모일 것으로 짐작하며 초대장을 들고 개막일에 갔습니다. 밤 시간에 전철을 갈아타며 찾아갔습니다. 고풍스러운 큰 건물의 가운데 마당에 수백 명이 모였습니다. 전시 공간은 몸을 움직이기 어려울 정도로 성황이었습니다. 의학의 영역 밖인 사회문화 영역에서도 프로이트의 정신분석학이 생생하게 살아 있다는 사실을 확인하는 소중한 경험이었습니다.

생각해보니 소매치기를 경찰에 신고한 바로 다음에 시립 공동묘지에 갔었군요. 이름이 알려진 여러 사람이 묻혀 있었습니다. 왜 하필 공동묘지에 왔지? 나 자신에게 물었습니다. 소매치기를 당한 정도는 죽고 사는 문제가 아님을 확인하고자 했던 걸까요? 웬만한 일은 액땜한

셈으로 치면 마음이 편안해집니다.

묘역 안으로 들어서니 복잡했던 마음이 잠잠하게 가라앉습니다. 둘러보면서 겸손해집니다. 시간을 꽤 보내고 밖으로 나와 걷다가 묘역 외벽에 붙어 살림을 꾸린 노숙자를 보았습니다. 삶의 패러독스가 이런 것인가요? 죽음과 같은 삶을 살고 있는 노숙자와, 죽어 묻혔지만 역사에 살아 있는 사람들의 극명한 대비에 소스라치게 놀랐습니다. 비록 소매치기가 돈을 훔쳐갔지만 내가 살고자 하는 밝은 삶은 훔칠 수 없습니다. 돈보다 더 소중한 것이 기회일 수도 있습니다. 나쁜 일에서 기회를 얻어 공동묘지 산책에서 깨달음을 얻었으니 보상을 받은 겁니다.

살다 보면 기회를 훔쳐가는 '소매치기'도 가끔 만납니다. 기회를 지키려면 고군분투해야 합니다. 어떤 일이 있어도 익숙한 안식처에 숨기보다는 밖으로 나가 몸으로 부딪혀야 합니다. 프로이트는 "가장 앞서는 자아는 몸의 자아다!"라고 했습니다. 생각이 가득 찬 머리보다 몸을 움직이면 기회를 지키면서 힘든 상황에서 빠져나오기도 쉽습니다.

솥뚜껑 보고 놀라기

몹시 놀란 사람이 비슷한 사물만 보아도 겁을 낸다는 뜻의 속담은? '자라 보고 놀란 가슴 솥뚜껑 보고 놀란다'입니다. 이 속담과 가장 비슷한 의미의 정신분석 용어는 '전이'입니다. '자리나 위치 따위를 다른 곳으로 옮김'이라는 의미가 분석에서는 '어떤 대상에 향했던 감정이 다른 대상으로 옮아감'이라는 의미로 쓰입니다.

일상에서 어떤 사람이나 사물에 느끼는 감정에는 '전이' 감정이 포함됩니다. 처음 보는 사람인데 언제 어디서 본 것 같이 느낀다면 그래서입니다. 매주 3~4회를 만나는 정신분석에서는 더 두드러지게 나타납니다. 내 과거의 인물에 대해 가졌던 생각과 느낌을 옮기면서 분석가에게 따뜻한 어머니처럼 기대고 싶어집니다. 또는 야단만 치는 아버지처럼 피하고 싶습니다. 윗사람 이야기를 하다가 분석가에게 화를 낸다면 나를 괴롭히는 그 사람의 이미지가 분석가에게 옮겨온 것입니다. 전이를 극복해야 할 장애물로 보았던 프로이트는 경험이 쌓이면서 전이를 분석에 쓸모가 있는 도구로 활용했습니다.

분석가에게 피분석자가 느끼는 호감은 긍정적인 전이 감정입니다. 긍정적인 감정이면 표현하기가 쉬울까요? 반드시 그렇지는 않습니다. 대개는 말하기 쑥스러워서 돌려 말합니다. 다른 사람을 빗대어 말하기도 합니다. 분석가를 미워하게 된다면 부정적인 전이 감정이 생긴 겁니다. 이럴 경우는 더더욱 말하기 힘들어서 복잡하고 미묘하게 표현합니다.

현대 정신분석학에서 전이 개념은 무의식적인 것 외에도 의식의 세계에서 피분석자가 분석가에게 느끼는 것들을 포함합니다. 분석가의 용모, 옷차림, 태도, 말투에 대한 느낌도 해당됩니다.

분석가는 분석 과정에서 "전이 속에서 나는 누구인가?"라는 질문을 자주 자신에게 던져야 합니다. 자신에게 옮겨온 대상이 피분석자가 경험한 누구인지를 탐색합니다. 전이를 해석하는 일은 피분석자가 자신을 더 넓게 더 깊게 이해하도록 돕습니다. 거북하다고 해서 전이 감정을 두 사람이 서로 회피하면 분석은 정체됩니다.

전이는 비유하면 방금 차린 모락모락 김이 나는 음식입니다. 잘 소화시키면 영양가가 높습니다. 전이를 다루지 않고 과거만 캐묻는 분석은 '팥소가 빠진 찐빵'입니다.

감정은 오고 가는 것입니다. 전이가 있으면 '역전이'도 있습니다. 역전이는 분석가가 피분석자에게 느끼는 전이입니다. 역전이도 정신분석학 초기에는 분석가 자신이 받은 교육 분석이 미흡해서 생기는 걸림돌로 보았습니다만, 지금은 전이와 마찬가지로 분석 도구로 쓰입니다.

역전이를 감지한 분석가는 스스로 묻습니다. 왜 이 시간이 이렇게 지루하고 잠이 쏟아질까? 부정적인 역전이가 행동으로 나오는 것일까? 피분석자가 내가 아는 누구와 비슷해서일까? 역전이를 피할 수 있는 분석가는 없습니다. 알아채고 적절하게 행동하는 게 중요합니다. 이를 모르고 분석을 진행하면 바람직하지 않은 말과 행동이 나옵니다.

전이 현상으로 생긴 피분석자의 호불호 감정을 두 사람이 서로 현실로 착각한다면? 큰일입니다. 행동으로 옮긴다면 더 큰일입니다. 분석은 행동이 아닌 대화로, 경계를 넘지 않으면서 보호되어야 합니다.

전이의 의미를 설명하는 해석도 말로 이루어집니다. 분석가에게 옮겨 표현한 아버지에 대한 묵은 감정을 파악하고 다루는 과정에서, 과거에 매여 있던 낡은 관점이 새로운 관점으로 바뀝니다. 그러면 피분석자의 삶이 달라집니다.

전통적으로 정신분석은 과거와 현재를 연결하는 전이 분석이 필수적이라고 생각했습니다. 이제 현대 정신분석은 살아온 과정을 연결해서 정리하는 일은 생각보다 중요하지 않다고도 주장합니다. 오히려 피분석자와 분석가가 함께 새롭게 쓰는 '살아가는, 살아갈' 이야기가 더 중요하다고 강조합니다. 모든 분석의 궁극적인 지향점은 '인생 새롭게 쓰기'입니다.

전이와 역전이 개념을 정신분석이 독점할 수는 없습니다. 넓게 보면 일상의 인간관계에서도 늘 일어나는 일입니다. 나와 남의 관계는 자극과 반응을 주고받으면서 함께 쓰는 이야기입니다. 그에게 부모와 같은 사랑을 구한다면, 그에게 부모와 같은 사랑을 베풀고 싶다면 그 뿌리는 오래전 어린 시절의 경험에 자리 잡고 있습니다.

꿈, 꿈, 꿈

세월이 흘러도 잊히지 않고 팔리는 책의 저자가 되기를 꿈꿉니다. 대
표적인 스테디셀러 작가인 프로이트의 전집은 수많은 언어로 번역되
어 지금도 전 세계에서 팔립니다. 『꿈의 해석』은 실제로는 1899년에
출간이 되었으니 백 살도 훨씬 넘었습니다.

『꿈의 해석』은 읽기 어렵습니다. 꾹 참고 읽으면 꿈과 무의식 사이
에 존재하는 연결 고리를 깨닫게 됩니다. 꿈에 대한 프로이트의 주장
은 다음과 같이 요약됩니다. 잠에서 깨어나 기억하는 꿈은 발현몽(發
顯夢)입니다. 발현몽의 원본은 잠재몽(潛在夢)입니다. 서로 내용이 다
릅니다.

잠재몽의 재료는 꿈을 꾼 사람의 무의식, 최근 경험, 수면 중 생리 자
극입니다. 발현몽과 달리 잠재몽은 왜 기억할 수 없을까요? 방어기제
가 작동해서 의식의 세계로 넘어가지 못하도록 이미 방해했기 때문에
기억을 못 합니다. 잠재몽의 내용에 수치감이나 죄책감을 느끼면 방

어기제가 내용을 뒤집고, 합치고, 엉뚱하게 연결해서 발현몽을 만듭니다. 최종 편집된 영화처럼 되는 겁니다.

꿈의 해석은 발현몽에서 시작해 거꾸로 탐색해 올라가서 잠재몽의 정체를 밝히는 작업입니다. 꿈꾼 사람이 무의식에 지니고 있는 갈등의 정체와 기능 그리고 사용하는 방어기제를 알아냅니다.

퇴직하기 전날 꾼 꿈이 '거세' 당하는 내용이었다면 잠재몽을 거의 편집하지 않고 만들어낸 발현몽입니다. 해석 작업이라고 할 것도 없이 의미가 명백합니다. 반면에 어떤 꿈들은 너무 복합적이어서 해석이 어렵습니다. 당장은 해석이 불가능하고 앞 시간과 뒤 시간의 내용을 합쳐서 보아야 의미가 파악됩니다.

프로이트는 꿈이 '무의식으로 가는 왕도(고속도로!)'라고 했지만 현대 정신분석에서 꿈의 위상은 환상과 어깨를 나란히 할 정도로 축소되었습니다. 꿈을 다루는 방식도 달라졌습니다. 아주 오래전에는 꿈 내용에 자세하게 연상을 연결시키는, "바다에 대해 떠오르는 생각은? 어머니!" 같은 방법도 썼습니다. 이제는 내용보다 과정을 이야기하고 꿈에 대해 느낀 감정도 탐색합니다. 피분석자가 꿈을 보고한 방식도 중요하게 봅니다.

1977년에 하버드대학교 정신과에서 뇌기능을 연구하는 교수 두 사람이 '무의식으로 가는 왕도'를 깎아내리는 연구를 발표했습니다. "꿈은 뇌간(腦幹)이 아무렇게나 만들어낸 신호를 전뇌(前腦)가 멋대로 해석해 그럴듯한 이야기로 포장한 것일 뿐이다. 따라서 프로이트의 꿈 이론은 과학적 근거가 전혀 없으며 말이 안 된다! 꿈 내용이 기괴한 것도 뇌의 작용으로 다 설명이 된다"고 했습니다. 정신분석학계는 놀라고 분노했습니다.

두 사람 중 앨런 홉슨(Allan Hobson) 교수가 1990년대 후반에 방한해서 강연했습니다. 정신분석학적 꿈 해석을 평가 절하하는 것을 반박하며 격론을 벌인 기억이 납니다. 인간이 꾸는 꿈을 설명하는 심층 심리적 이론을 동물 실험 결과에 근거해 일방적으로 매도하는 것은 옳지 않습니다. 정신분석 이론은 경험심리학입니다. 실제로 수많은 사람들이 전 세계에서 『꿈의 해석』을 읽고 가르치고 분석에 활용하고 있습니다. 홉슨 교수는 상호 존중이 필요하다는 제 주장에 동의했습니다. 학문적으로 성숙한 자세였다고 평가합니다.

2000년이 되자 하버드 연구팀을 조리 있게 반박하는 정신분석가가 등장합니다. 남아프리카공화국 출신의 마크 솜스(Mark Solms)입니다. 신경심리학을 공부한 정신분석가인 솜스는 수면생리 연구에서 꿈으로 간주되는 렘(REM)수면(급속안구운동 수면)과 꿈 자체는 겹치기도 하나 서로 독립적인 부분도 있으니, 꿈과 렘수면을 100퍼센트 동일시한 홉슨 등의 주장은 받아들일 수 없다고 했습니다. 정신분석가들은 열렬히 환호했습니다. 그는 자신의 주장을 뒷받침하는 근거로 '렘수면 공장'인 뇌간이 망가진 환자들이 꾼 꿈을 제시했습니다. 일약 프로이트 학파 꿈 이론의 구원자로 떠올랐고 '신경정신분석학'이라는 뇌와 정신분석을 통합한 분야를 창시해서 활발하게 활동하고 있습니다.

수면의학을 전공하고 정신분석가로 활동하는 제 입장에서도 솜스의 주장에 동의합니다. 뇌간이 만들어내는 렘수면만으로 꿈 전체의 정신분석적 의미를 논의하는 것은 왜곡입니다. 렘수면이 아닌 수면 단계에서도 꿈을 꾼다는 사실은 이미 알려져 있습니다. 단, 렘수면에서 나타나는 꿈이 동영상 수준으로 자세하고 역동적이라면 다른 수면에서 꾸는 꿈은 사진과 같이 짧고 간결하다는 차이가 있습니다. 요약하면, 꿈은 뇌간뿐 아니라 대뇌피질에서도 생성되며, 꿈꾸기라는 현상은 단순히 뇌간이 만들어 낸 잡음 덩어리(개꿈) 수준이 아니고 깊은 의미가 있는 복합적인 심리적·신체적 현상이라는 말입니다.

가까운 장래에 어떤 추가 결과가 나올지 궁금합니다. 자기공명영상(MRI) 촬영 등으로 살아 있는 사람의 뇌를 실시간 연구하는 일이 가능해 꿈 관련 연구가 활발하니, 기대가 큽니다.

이미 알려진 연구 결과 중에서 입시생에게 도움이 되는, 공부한 것을 장기기억으로 굳히는 방법을 소개합니다. 공부를 한 직후에 반드시 잠시라도 잠을 자야 공부한 내용이 뇌에 저장돼 오래 기억됩니다. 밤을 새워 공부해도 잠으로 이어지지 않으면 컴퓨터에서 작업을 하고 미처 저장하지 않은 파일처럼 날아가버립니다. 렘수면과 깊은 잠은 모두 기억 저장에 도움이 됩니다. 따라서 잠을 아낀 시간에 공부해서 성적을 올린다는 말은 과학적 근거가 없습니다.

꿈이 앞일을 알려줄까요? 혜경궁 홍씨가 쓴 『한중록』에 보면 남편인 사도세자의 꿈에 흑룡이 나온 뒤 정조가 되는 아들이 태어났다고 합니다. 꿈의 예지 능력에 관해 한쪽에서는 "무의식의 기능으로 미루어 보면 그럴 수 있다"고 합니다. 다른 쪽은 이렇게 말합니다. "평소에 얼마나 소망했으면 꿈에도 나오겠느냐?" 여러분의 생각은 어떠한가요?

꿈은 꿈입니다. 현실은 현실입니다. 꿈과 현실 사이에 딱 한 단어가 있어 서로를 연결합니다. '노력'입니다. 현실의 노력 없이 꿈만 꾼다면 환상입니다.

대리 만족의 달콤함이 영혼을 잠식한다

자신의 삶에 '만족'하시나요? 만족(滿足: 찰 만, 발 족)의 뜻이 흥미롭습니다. 자유롭게 연상해봅니다. '만족'이라는 단어에서 '부지런히 걸어 다녀서 삶을 채워야 하는 일'이라는 느낌을 받습니다.

불만족한 삶은 힘듭니다. 만족한 삶을 살려니 현실이 만만하지 않습니다. 엄중한 현실에 억눌려 고통을 받다가 대리로 만족할 대상을 찾습니다. '대리'는 '남을 대신해 일을 처리함'이니 대리 만족은 스스로 하기보다는 남이 하는 행위에서 만족을 얻는 것입니다. 스포츠 관람, 영화 감상, 책 읽기 등입니다. 야구장 관중의 함성은 하늘을 찌릅니다. 영화관에는 사람이 넘칩니다. 이 모든 것이 대리 만족이고 목표는 환상의 충족입니다.

텔레비전 화면에서 눈을 떼기가 어렵습니다. 정말 잘합니다. 박진감, 자신감이 넘칩니다. 관중석에는 태극기가 펄럭이고 많은 사람이 우리 선수를 응원합니다. 드디어 또 이겼습니다. 박수가 쏟아집니다.

영어 인터뷰 후에는 우리말로 한 말씀을 할 기회가 주어집니다. 안경 쓴 내 모습과 그의 모습이 내 마음에서 겹칩니다. 동일화(同一化)입니다. 해외 언론은 "돌풍이 태풍이 되었다" "코트의 슈퍼맨"이라고 전합니다. 국내 언론은 "국민 영웅에 푹 빠진 한국" "약점을 운명으로 바꾸다" 등 기사를 쏟아냅니다. 아, 대한민국! 감동받았습니다. 식당 밖으로 나왔습니다. 따뜻하게 배를 채웠어도 기록적인 한파에 여전히 몸이 떨립니다. 환상에서 현실로 돌아온 것입니다.

오늘은 극장 밖으로 나왔습니다. 선이 악을 벌주고 물리치는 주제의 영화를 좋아합니다. 속이 시원합니다. 그중에서도 평범한 사람이 사회의 악과 싸워 이기는 내용이면 더욱 좋습니다. 아직도 영화의 감흥이 머리에 남아 있습니다. 그 순간 누가 나를 거칠게 밀치고 지나갑니다. 미안하다는 말 한마디 없이. 쫓아가 영화에서처럼 하려다가 내가 영화 속 주인공이 아니라는 걸 깨닫고 발길을 돌립니다.

대리 만족이 어떻게 만족감을 줄까요? 지적인 동물인 인간에게는 환상의 힘이 통합니다. 실제가 아닌 환상으로도 만족할 수 있습니다. 추운 날 김이 모락모락 나는 군고구마 판매대 옆에 서 있는 자신의 모습을 상상해보세요. 더운 기운이 몸에 돌면서 잠시 추위를 잊을 수 있습니다.

대리 만족의 최고봉은 자식에게 하는 교육 투자입니다. 오늘날 교육열은 대단하나 실제로 무엇을 어떻게 유아원, 유치원, 초·중·고등학교, 대학에서 교육할 것인가에 대한 성찰과 합의는 부족합니다.

교육부가 연이어 급하게 내놓는 정책은 해결책이 아니고 혼란의 근원입니다. 교육열의 본질을 이해하지 못한 일방적 행정의 후유증입니다. 농촌 부모가 재산 목록 1호, 소를 팔아서 등록금 냈다고 해서 대학을 소의 뼈로 쌓아 올린 '우골탑(牛骨塔)'으로 부른 한 맺힌 역사에서 배우지 못한 것입니다. 인간이 무슨 동기에서 출발해 어떤 방식으로 움직이는지를 알고 그것을 기반으로 정책을 세워야 성공합니다.

대리 만족의 달콤함은 마음의 균형을 무너뜨립니다. 환상의 세계에서 벗어나는 순간 엄중한 현실이 기다립니다. 스포츠 중계, 영화 관람에 탐닉해서 하루하루를 보낸다면 현실을 해결한 것이 아니고 잠시 외면한 것입니다. 가정생활, 사회생활은 엉망이 될 것입니다. 대리 만족을 멈추면 일상의 스트레스와 직면해야 합니다. 당황할 필요는 없습니다. 현실만 보는 삶은 메마르고, 환상에만 젖어 있는 삶은 질척거립니다. 환상과 현실이 균형과 조화를 이루어야 삶이 윤택합니다.

개천에서 용 나기가 점점 어렵다고 합니다. 초조한 마음에 자식에게 모든 것은 투자하다가 자식의 꿈도, 부모의 꿈도 거품으로 날아갑니다. 부모의 '자식 사랑'에도 결심을 굳게 하고 브레이크를 걸어야 하는 초고령화 시대가 왔습니다.

누구나 불만족을 만족으로 바꾸고 잃어버린 것을 보상받으려 합니다. 끝없이 돈을 벌고 물건을 채우고 관계를 개선하고 자존감을 올리고 싶습니다. 하지만 불만족도 삶의 일부임을 인정해야 합니다.

대리 만족의 핵심은 진정한 만족이 아니라는 것입니다. 연예인의 화려한 행보를 보고 따라 하며 대리 만족을 느껴도 연예인이 된 것은 아닙니다. 대리 만족이라는 '설탕물'로 갈증을 달래면 더 심한 갈증이 기다립니다.

삶을 대리 만족으로 채울수록 참된 나를 찾을 길은 점점 멀어집니다. 과도한 대리 만족은 자신의 삶을 '대리운전'시키는 겁니다. 벗어나려면 자신이 왜 그러는지를 알아야 합니다. 불만족스러운 삶이라도 환상에 빠지지 말고 삶에 집중하며 꾸준히 노력하면 만족스러운 삶으로 가는 길이 열립니다.

불면증 사회에서 살아남기

잠은 매일 오는 것입니다. 방해꾼만 없으면 말입니다. 생각보다 잠을
제대로 못 이루는 분들이 많습니다. 어떻게 해야 할까요? 저는 정신건
강의학과 전문의, 정신분석가이면서 수면의학 전문가이기도 합니다.
비법을 알려드립니다.

비법은 잠을 포기하는 것입니다. 해보았다고요? 효과가 없었고 더
힘들기만 했다고요? 이유는 뻔합니다. 완전히 포기하지 못하고 잠에
미련을 두었기 때문입니다. 미련을 버리지 못하는 노력에는 좌절과
후회가 따릅니다. 마음을 완전히 비워야 합니다. '비법'이지만 실천이
쉽지 않습니다.

약간 수정한 비법을 소개합니다. 잠이 안 올 때 거꾸로 잠을 완벽하
게 안 자려고 노력해보는 것입니다. 그것도 효과가 별로 없다면, 잠을
자야만 한다는 마음을 비울 수 없다면 마음을 엉뚱한 곳으로 돌리면
됩니다. 흔히 "양 하나, 양 둘, 양 셋…" 하라고 하지만 뇌를 자극해서

역효과가 납니다. 책 읽기로 해결하려고 하면 불을 켜놓는 바람에 오던 잠도 달아납니다. 그보다는 잠자리에 누워서 조용히 할 수 있는 복식호흡을 해보십시오. 배꼽 위에 한 손을 얹은 후 그 손을 승강기로 여기고 배로 호흡을 하면서 '승강기'를 천천히 올렸다 내렸다 하면 됩니다. 이때 잠이 아니고 손에 집중해야 합니다.

불면증이 알려주는 진실이 있습니다. 내 마음이지만 마음대로 안 됩니다. 잡으려고, 다스리려고, 통제하려고 해도 허망하게 끝납니다. 마음을 차라리 놓아주는 것이 통제하는 방법입니다. 놓아준 상태에서 거리를 두고 내 마음을 말로 표현해봅니다. 나는 지금 "불안하다" "화가 나 있다" "열등감을 느끼고 있다" "좌절감에 빠져 있다" 등입니다. 막연한 상태의 마음을 이름을 지어서 정리하면 정확하게 알게 되고, 알면 추스를 수 있습니다.

어려움과 마주치면 사람들은 흔히 남 탓을 합니다. 남 탓을 해서 얻는 이득은 내가 책임을 질 필요가 없다는 것이고 남을 비난해서 얻는 쾌감도 있습니다. 하지만 얻는 것이 있으면 잃는 것도 있습니다. 남 탓을 하는 순간, 내 탓을 하며 자기 성찰을 통해 얻을 수 있는 이득, 내가 성숙한 인격체로 성장할 기회는 연기처럼 사라집니다. 남을 무조건 탓하는 버릇을 버리고 자기 마음을 들여다볼 수 있어야 합니다. 밥 먹듯이 남 탓을 하는 사람을 남들은 좋아하지 않고 멀리합니다. 잠이 안 오는 것을 남 탓하기는 어렵습니다. 반드시 환경 탓도 아닙니다. 조용한 환경에서만 잠이 온다면 크게 틀어놓은 텔레비전 앞에서 졸고 있는 불면증 환자를 설명하기가 난처합니다.

정신분석학에서는 남 탓 하는 것을 '투사'라는 방어기제로 설명합니다. 인정하고 싶지 않은 자신의 감정이나 욕망 등을 남에게 돌려버림으로써 자신을 정당화하는 무의식적인 마음의 작용입니다. 투사는 어린아이들이 전문적으로(?) 쓰는 방법입니다. 어떤 일이 어긋날 때 어린아이가 엄마 탓, 아빠 탓, 누나 탓, 남동생 탓을 하는 모습을 자주 봅니다.

어른이 되어도 투사 습관에서 벗어나지 못하면 문제입니다. 편견, 시기, 질투, 의심이 흔히 투사의 결과로 나타납니다. 안타깝게도 세상에는 투사가 넘칩니다. 신문 기사나 방송 보도에는, 내 탓을 하는 성찰의 아름다운 광경은 드물고, 남 탓을 하는 말싸움 소식이 늘 등장합니다.

방어기제라고 해서 미숙한 수준만 있는 것은 아닙니다. 성숙한 기제의 대표로는 이타주의가 있습니다. 그 속에 관용, 용서, 존경, 감사, 겸손, 자비, 인내, 용기와 같은 덕목이 다 들어 있지만 정신분석학은 그 밑에 갈등도 숨어 있다고 봅니다.

승화(昇華)도 있습니다. 사회적으로 인정되지 않는 욕구나 충동을 가치와 보람이 있는 수준의 활동으로 바꾼 행위입니다. 공격성을 스포츠 행위로 바꿔 훌륭한 선수가 되는 것이 좋은 예입니다. 해학(諧謔, 유머)도 성숙한 기제로 긴장과 갈등 상황에서 숨이 트이게 도와줍니다. 다만 해학으로 인해 오해를 받으면 집단적인 비난이 쏟아지기도 하니, 쓸 때 안 쓸 때를 잘 구분해야 합니다.

성숙한 방어기제를 폭넓게 운용하는 사람들이 늘어난다면 진정한 의미에서 좋은 사회가 될 것입니다. 아직도 거리 곳곳에서는 이타주의보다 이기주의가 판을 치고 있는 듯 보입니다. 고함, 욕설, 멱살잡이도 가끔 보입니다. 집 안에만 있으면 안전할까요? 아닙니다. 세상이 돌아가는 적나라한 모습이 신문과 방송에서 넘쳐 납니다.

오래전 가톨릭교회가 주도했던 "내 탓이오" 운동에서 아직 더 배워야 할 것 같습니다. 잠이 안 오는 것을 가지고 남 탓을 한다면 무슨 소용이 있을까요? 내 몸은 내 것이고 내 마음도 내 것이지만 내 마음대로 움직이지 않습니다. 놓아야 잡히고 비워야 채워집니다. 탓하는 마음은 잠을 쫓습니다. '내 탓'을 하면 차라리 잠이 잘 올 것입니다.

환상과 환멸 사이에서 균형 잡기

세상을 읽는 틀로 환상과 현실감 중에서 어느 것을 선택해야 할까요? 상식으로는 환상에서 깨어나 현실을 정확하게 인식해야 할 것 같습니다. 옳은 말이나 100퍼센트 옳지는 않습니다.

궁금합니다. 내가 세상을 살피는 눈이 얼마나 객관적 현실에 기반을 두고 있을까요? 현실 자체가 아닌 현실에 투사한 환상을 바탕으로, 세상을 보고 이해하고 적응하며 살고 있는 게 아닐까요? 병에 걸리지 않고 사고도 겪지 않을 것이라는 환상은 마음을 평안하게 합니다. 하지만 환상에 빠져서 조기 진단을 놓치거나 뜻밖의 사고를 당한다면 큰일입니다.

환상과 달리 현실의 삶은 무겁습니다. 행복은 나비와 같아 쉽게 손에 잡히지 않습니다. 삶의 무게를 줄이는 쉬운 방법은 환상입니다. 환상이 내게 속삭입니다. 세상은 아름답고, 인생은 살 가치가 있으며, 나는 중요한 사람이다. 환상은 목마름을 달래주는 한 모금의 물입니다.

환상이 현실을 무시하는 쓸데없는 것일까요? 잘 쓰면 약입니다. 어린아이가 부모에게 가지는 환상은 바람막이입니다. 이사 온 날 아들이 낯선 아이 앞에서 당당하게 말했습니다. "우리 아빠야!"라고. 아빠가 '슈퍼맨'이라는 환상은 아이가 안전하고 순탄하게 자라도록 돕습니다. 아이의 환상 덕분에 잠시 강한 남자라는 착각이 들었습니다.

환상은 어른이 되어서도 지속됩니다. 닮고 싶은 사람에 대한 환상은 이상화(理想化)로 이어집니다. '이상화'란 다른 사람이 가진 바람직한 특성을 자기 것으로 받아들이려는 노력입니다.

환상도 '유효 기한'이 있습니다. 기한이 지나면 환상에서 벗어나는 탈환상(脫幻想)이 찾아옵니다. 독립된 정체성을 세워야 어른으로 성장할 수 있는 청소년은 부모에 대한 환상에서 벗어나려 합니다. 벗어나야 정상적인 심리 발달이 일어납니다. 그러나 탈환상이 심하면 환멸로 이어집니다. 선생님, 직장 상사, 연인, 배우자, 지도자에 대한 환상도 예외가 아닙니다. 환상이 발산하는 에너지는 생산적이지만 환멸이 뿜어내는 에너지는 파괴적입니다. 환상과 환멸 사이에서 '간 맞추기'를 해야 평정심을 지킬 수 있습니다.

음식 간을 맞추기 어렵습니다. '마음의 간 맞추기'는 더 까다롭습니다. 싱거워도, 짜도 문제입니다. 환상과 환멸이 균형을 잃으면 갈등이 증폭됩니다. 갈등이 증폭되면서 마음에 장애가 생깁니다. '경계선 성격장애'에서는 '마음 흔들림'이라는 증상이 두드러지게 나타납니다. 세상에서 자기를 제일 사랑하는 사람이었던 엄마가 갑자기 세상에 둘도 없는 원수가 됩니다. 어떤 관계도 마음 흔들림의 소용돌이에 쉽게 휩쓸려 들어갑니다. 분석가와의 관계도 예외가 아닙니다. 실력이 최고라고 칭송하다가, 만나본 분석가 중에 제일 형편 없다고 태도가 돌변하면서 비난합니다. 치료는 자주 난관에 빠집니다.

사랑은 나, 그 사람, 우리에 대한 환상이 시작하고 유지하고 관리합니다. 연애와 결혼의 무대에서는 환상이 춤을 추지만, 이혼이라는 무대는 환멸이 주도합니다. 연애, 결혼, 이혼에서 현실감은 조연일 뿐입니다. 사랑의 긍정적 감정은 환상의 꽃을 피웁니다. 미움의 부정적 감정은 환멸로 타들어갑니다.

환상이 깨지면서 환멸로 이어지려는 순간을 상상해봅니다. 두려움, 불안, 우울, 좌절감, 무력감 같은 거북한 감정이 몰려옵니다. 부정이라는 방어기제가 앞을 막습니다. 마음의 눈을 감는 것입니다. 하지만 눈을 감으면 눈앞의 것도 놓칩니다. 마음은 잠시 편하겠지만 보고 싶지 않은 것을 눈을 감아서 없앨 수는 없습니다. 자신을 속이는 것뿐입니다. 암 환자 중에는 초기에 흔히, 드물게는 끝까지 암 확진을 부정하는 사람이 있습니다. 가족이 환자를 속이기도 합니다. 속이거나 속으면 삶을 정리할 시간이 사라집니다.

성공하는 길이 남의 손안에 있다고 생각한다면 환상입니다. '아름다운 세상, 살 만한 인생, 쓰임새 있는 나'는 모두 남이 아닌 내 마음에서 나와야 합니다. 프로이트의 막내딸로 자아심리학파를 이끈 정신분석가 안나 프로이트(Anna Freud)는 다음과 같이 말했습니다. "나는 항상 내가 강해지고 자신감을 가질 수 있는 길을 내 밖에서 찾으려고 했다. 그러나 그 길은 내 안에 있다. 항상 거기에 있다."

성찰로 사느냐, 투사로 사느냐

마음에 드는 사람이 있고, 들지 않는 사람이 있습니다. 중요한 사람, 중요하지 않은 사람, 매력이 있는 사람, 평범한 사람, 같이 있고 싶은 사람, 멀리 두고 싶은 사람…. 결혼하고 싶은 사람, 그래서는 안 될 것 같은 사람…. 나는 남을 내 기준으로 나누고 바라봅니다.

첫인상이 중요합니다. 사람에 대한 호불호가 이성적인 판단을 따를 것 같지만 실상은 다릅니다. 논리가 아닌 감정이, 현재가 아닌 과거가 지배합니다. 어머니와 사이가 좋았던 아들은 어머니를 떠올리는 여성을 좋아합니다. 아버지를 좋아했던 딸은 비슷한 분위기의 남성을 선택합니다. 쉽게 이해가 안 되지만 반대로 가는 경우도 있습니다. 냉정한 어머니, 무뚝뚝한 아버지를 연상시키는 사람에게 자신도 모르게 마음이 끌립니다. 성장하면서 결손으로 여겼던 냉정한 어머니나 무뚝뚝한 아버지가, 따뜻하게 자상하게 변해 보상받고 싶은 마음을 되풀이하는 겁니다. 세월이 지나 이 마음이 보상심리였다는 것을 깨닫게 되어도 이미 늦었습니다. 무의식의 힘입니다.

현재는 과거의 미래이자 미래의 과거입니다. 삶은 과거, 현재, 미래의 틀 안에서 돌고 돕니다. 과거 경험이 써낸 '인생 대본'은 사람마다 고유합니다. 나는 어제도 오늘도 내일도 내가 쓴 대본에 맞춰서 삶이라는 무대에서 살아갑니다. 주연으로 살며 빛나길 갈망합니다. 조연들이 나를 도와서 내 삶의 가치가 올라가길 간절히 바랍니다.

세상을 돌아다니는 인생 대본은 두 종류입니다. '내적 성찰'을 기반으로 작성된 것, 그리고 '투사(投射)'에 기반하는 것입니다. 성찰의 정의는 '자기의 마음을 반성하고 살핌'입니다. 투사의 정의는 '인정하고 싶지 않은 자신의 감정이나 욕망 등을 남에게 돌림으로써 자신을 정당화하는 무의식적인 마음의 작용'입니다.

성찰하며 산다면 잘못을 저질러도 남에게 큰 피해를 주지는 않을 겁니다. 무조건 잘된 것은 내 덕이고, 잘못된 것은 남의 탓이라고 한다면 투사에 중독된 상태입니다. 성찰 기능이 결손되었거나 마비된 상태입니다. 투사(鬪士)처럼 보이는 '멋진 인생'을 살지는 모르나 폐해는 주변에 널리 깊게 미칩니다.

투사(鬪士)의 마음은 흑백논리로 가득 차 있습니다. 흑백논리는 모든 것을 흑과 백, 선과 악, 득과 실의 양극단으로 구분합니다. 중립적인 것은 인정하지 않습니다. 투사의 삶은 나누는 것만으로 만족하지 않습니다. 상대의 것을 빼앗고 존재를 없애려고 투쟁합니다. 투쟁은 신념이라는 이름으로 포장됩니다.

아군, 적군으로 쪼개서 투쟁하는 분할의 논리는 젖먹이의 특성입니다. 젖에 생존이 달렸으니 온 세상을 '좋은 엄마'와 '나쁜 엄마'로 나누며 삽니다. 좋은 엄마는 가까이, 나쁜 엄마는 멀리합니다. 시간이 지나면 같은 한 엄마가 좋은 점과 나쁜 점을 모두 지니고 있음을 깨닫게 됩니다. 어머니의 통합된 이미지가 마음에 생긴 것입니다.

공부하면서 이해하기 어려운 것들은 검은 것과 흰 것처럼 비교하는 표를 만들면 선명하게 보입니다. 어른이 되어서도 학생 시절의 마음을 벗어나지 못하면 세상을 흑백으로만 나누어 봅니다.

현실은 흑과 백으로만 나눌 수 없습니다. 부모 자식 관계에서 예쁜 자식과 미운 자식으로 나눈다면? 가능하지 않고 그렇게 해서도 안 됩니다. 가족이 무너집니다. 기업 전체의 인간관계를 수직적인 것과 수평적인 것 중에서 하나로만 골라서 강제한다면? 수직적인 관계만 강조하면 '군대'가 되어 창의성이 억압되는 조직이 될 것입니다. 수평적인 관계만 강조하면 위기가 닥쳤을 때 대응력이 떨어질 것입니다. 정치의 영역에서도 흑백논리를 고집한다면 같은 현상이 일어날 것입니다. 이미 치열하게 일어나고 있다고 봅니다.

성찰과 투사 사이의 갈등을 해결하고 싶다면 문제를 입체적으로 보아야 합니다. 관점을 바꾸면 상대의 장점이 보입니다. 우회전만 계속하면 제자리에서 빙빙 돌고, 좌회전도 마찬가지입니다. 어지럽기만 합니다. 장애물로 인해 직진만 할 수 없는 것이 세상 이치라면 때로는 좌회전을, 때로는 우회전을 해야 목적지에 도착합니다. 우회전이나 좌회전의 반복이 방향을 완전히 뒤집는 유턴보다 반드시 낫다고 보시나요? 때로는 고집과 집착을 버리는 유턴이 새로운 삶을 엽니다. 판단과 결정은 자신의 몫입니다.

· 세 번째 판 ·

매력적인 사람이 된다는 것

: 자기애 다루기

자기애는 어른이 되어도 소멸하지 않습니다.
세상이 자신을 중심으로 돌아간다는 착각을 하지 않는다면
자기애는 잘 살겠다는 노력으로 이어집니다.

공감하지 못하는 사람들

집 근처 작은 공원을 통과하는 오솔길로 걸어 다니길 좋아합니다. 누가 개를 데리고 걸어옵니다. 큰 개는 아니지만 어쩐지 두렵습니다. 길가로 피해 가만히 서 있습니다. 갑자기 개가 달려듭니다. 그제야 겨우 주인이 목줄을 자기 쪽으로 당깁니다. 놀란 저를 쳐다보면서 주인이 말합니다. "우리 개는 물지 않아요!"

말문이 콱 막힙니다. 물론 개가 주인을 해치지는 않겠지요. 입에서 험한 말이 튀어나오기 직전입니다. 초자아를 긴급 발동시켜 스스로 말문을 막습니다.

많이 걷습니다. 자동차 보험료를 일부 돌려받을 겁니다. 운전하면서 놓치는 풍경이 자세히 보여서 즐겁습니다. 단점도 있습니다. 풍경에 정신 팔린 내 어깨를, 휴대전화에 몰입한 사람이 치고 멀어져 갑니다.

'인도(人道)'는 재미있는 말입니다. '사람이 다니라는 길'이기도 하지만 '사람으로서 마땅히 지켜야 할 도리'이기도 합니다. 인도에서 인도를 안 지키는 사람이 많습니다. 차도를 달려야 하는 자전거가 질주합니다. 전동 킥보드가 쏜살같이 옆을 지나가면 혈압이 확 올라갑니다. 우측통행이 정착될 전망도 보이지 않습니다. 인도는 자신만을 사랑하는 사람의 자기애(自己愛)로 넘칩니다.

지하철역, 상가, 공공건물의 실내도 예외가 아닙니다. 에스컬레이터 손잡이는 꽉 잡고 가방은 몸 앞으로 바짝 당겨야 합니다. 바쁜 사람이 얼마나 많은지 밀쳐질 것 같습니다. 2, 3층 높이에서 추락하는, '뛰는 사람 위의 나는 사람'이 될 판입니다. 에스컬레이터 앞 공간은 집으로 치면 현관입니다. 그곳을 막고 선 사람을 이해하기 어렵습니다. 본인이 다칠 수도 있다는 염려는 전혀 안 하는 것 같습니다. 승강기 앞 공간도 비슷합니다. 내리기도 타기도 힘듭니다. 타고 있는 사람이 내려야 자기가 탈 수 있다는 지극히 평범한 진리를 무시하는 사람이 너무나 많습니다.

걷기도, 대중교통 이용도 불편하고 불쾌해서 차를 몰고 나갑니다. 모든 문제가 해결될까요? 신기합니다. 사람들의 공간 개념은 걸어 다녀도, 대중교통을 이용해도, 차를 운전해도 다르지 않습니다. 자동차는 보행자의 복사판입니다. 신호 없이 멈추거나 서 있고, 끼어들고, 돌아섭니다.

오래전에 보행자 옷에 자동차처럼 방향 지시등과 정지등을 부착하면 좋겠다는 상상을 한 적이 있습니다. 이미 접었습니다. 자동차에 달린 것도 안 쓰는데 보행자라고 될 일이 아닙니다.

우리 사회가 전반적으로 공감 능력이 부족하다는 평을 합니다. 맞는 이야기입니다. 공감이란 남의 감정, 의견, 주장 따위에 대해 자기도 그렇다고 느끼는 것입니다. 남의 입장에서 보고 느끼는 것입니다. 문제는 남이 내게 공감해주길 바라는 사람들이 절대 다수라는 점입니다. 내가 남에게 공감하겠다는 의지를 가진 사람들은 그다지 많아 보이지 않습니다. 상황이 그러하니 공감 능력 부족으로 이런저런 사회 문제들이 생기고 비극적인 일들도 일어납니다.

조금이라도 내가 손해 보는 일에는 예민하지만 남에게 피해를 주는 일에는 둔감합니다. 층간 소음으로 인한 다툼의 가해자 측이 전형적인 예입니다. 이런 사람일수록 자신에게는 바다처럼 너그럽습니다. 욕망에 충실한 삶을 멋있는 삶으로 굳게 믿지만 남의 입장에 서는 능력은 '바늘구멍으로 하늘 보기' 수준입니다.

인간은 자기중심적인 존재입니다. 인정합니다. 동시에 혼자서는 살수 없는 사회적 동물이기도 합니다. 평화롭게, 평안하게 살려면 공감 능력을 키우고 써야 합니다. 저절로 생기지 않으니 어렸을 때부터 가정, 학교, 사회가 나서서 교육, 훈련, 설득으로 키워야 합니다. 때를 놓치면 어릴 때 굽은 나뭇가지처럼 굳어버려서, 커서는 고치기 힘듭니다.

공감(共感: 함께 공, 느낄 감)은 어렵습니다. 남이 느끼는 감정을 그 사람의 내면에 들어가서 나도 느껴야 하니 당연합니다. 거리를 두고 경계를 지키면서 남을 딱하고 가엽게 여기는 동정(同情)보다는 한 수 위입니다. 동정보다는 공감이 더 깊숙한 감정입니다. 동정은 떨어져서 하는 짐작이지만 공감은 다가서서 나누는 경험입니다.

공감 능력은 원만한 대인관계의 비결입니다. 상대방의 처지를 이해할 수 없다면 대인관계에 틈이 생깁니다. 익숙한 사이면 공감을 더 잘할 수 있을까요? 반드시 그렇지는 않습니다. 상대를 잘 안다고 생각해서 상대의 심정을 미리 단정해버리면 공감의 문을 닫는 겁니다. 가족이나 연인 사이에서 공감이 실패할 확률이 오히려 높습니다. 부모와 자식 사이에서 상대가 늘 변하지 않고 같은 자리에 있을 것이라고 단정해도 문제입니다. 부모는 나이 들면서 변하고 자식은 크면서 변합니다. 그런 입장에 공감하지 못하면 서로를 이해할 수 없습니다. 가까운 관계일수록 조심하고 세심하게 배려해야 합니다.

공감은 어떻게 해야 할까요? 공감은 남의 마음에 내 마음이 잠시 들어갔다 오는 일입니다. '잠시'라고 말한 이유가 있습니다. 지나치게 또는 너무 오래 공감을 느끼다가는 남의 감정에 휩싸여 내 정체성이 흔들립니다. 예를 들겠습니다. 절대 빈곤 상태인 나라를 여행합니다. 거기에서 태어나 평생 살아야 하는 사람들을 만납니다. 안타깝습니다. 풍요한 나라에서 산다는 것에 죄책감을 느낍니다. 공감한 것입니다. 지나치면 마음의 균형이 무너져서 우울증에 걸립니다. 공감도 적당해야 합니다.

지나친 공감은 내 삶은 물론이고 남의 삶에도 해를 끼칩니다. 몰입해서 돕다가 남이 사는 방식과 내용을 침해합니다. 나만을 위한 공감이 된다면 상대방 삶의 정체성을 무너뜨립니다. 이념이나 종교를 내세운 공동체에서 이런 문제가 쉽게 자주 생깁니다.

사람과 사람 사이에는 공감도 중요하지만 거리도 중요합니다. 몸과 몸이 너무 붙어 있어도, 너무 떨어져 있어도 관계는 불편합니다. 마음과 마음 사이에도 적절한 거리가 필요합니다. 공감이 부족해서 너무 멀어지면 관계는 희석됩니다. 공감이 넘쳐서 너무 가까워지면 남과 내가 마구 뒤섞여 갈피를 못 잡습니다.

마음의 거리 지키기는 몸보다 복잡하고 어렵습니다. 남의 마음을 읽어내는 공감 능력을 거울에 비유한다면 너무 밝아도 너무 어두워도 바람직하지 않습니다. 평소에 잘 닦아서 적당히 밝으면 충분합니다.

선택과 배신의 심리학

내가 한 선택이 내 선택이 아니라면 어떨까요? 의식이 아닌 무의식의 선택일 수도 있다는 말입니다. 정신분석의 창시자인 프로이트의 눈에 비친 인간은 무의식이 흔들어대는 허약한 존재였습니다.

　선거에 나온 후보자들의 토론은 격렬합니다. 듣고 있지만 갈피를 잡기가 어렵습니다. 말싸움을 잘한다고 뽑을 일도 아니니 선택이 어렵습니다. 살면서 세상을 읽는 법을 익혔지만 혼란스럽습니다. 혹시 정신분석학 이론이 도움이 될까요? 마음을 깊이 읽어내는 방법이라고 하니까요.

　정신분석학 중에서도 자아심리학이 보는 마음에는 세 가지의 중요한 장치가 늘 작동합니다. 이드(본능과 욕망), 초자아(양심, 도덕, 이상), 자아(나)입니다. 초자아와 자아는 각각 의식과 무의식의 영역에 속합니다. 이드는 무의식에만 속합니다. 자아는 현실(상황, 조건), 이드, 초자아 사이에서 조정을 해서 합의를 보는 역할을 합니다.

100

때만 되면 돌아오는 선거도 예외가 아닙니다. 좌, 우, 중도 성향이 갈린 현실에서 내 욕망, 내 양심을 더해 내 자아가 결론을 낸 것이 나의 한 표입니다. 마음이 그렇게 합의를 본 것이 반드시 합리적이지는 않습니다.

납득이 안 되나요? 이렇게 묻겠습니다. 사랑하는 사람을 어떻게 선택했나요? 사람이든 조건이든 무엇인가에 끌려서 했을 것입니다. 평생의 반려자에 대한 선택이었으니 '합리적'이었다고 자신 있게 말할 수 있을까요? 사랑에 빠지는 과정이 합리적이라면 '눈에 콩깍지가 씌어서'라는 말은 이 세상에 없을 것입니다. '콩깍지'는 무의식이 작용했다는 말입니다.

이유 없이 좋은 사람과 싫은 사람이 있습니다. 선거만 봐도 후보자의 비전이나 정책을 기준으로 투표한다고 하지만, 결국 마음에 드는 사람이나, 정 안 되면 덜 싫어하는 사람을 뽑는 겁니다. 계산이 빠르면 자신에게 조금이라도 실질적인 도움이 될 사람을 선택할 겁니다. 그러니 약간이라도 합리적인 선택을 하려면 이렇게 흘러 다니는 자신의 표심(票心)을 살펴야 합니다.

입후보자는 이렇게 저렇게 유권자를 유혹합니다. 그 사람 마음속 욕망을 분석하면 선택에 다소 도움이 될 수도 있겠습니다. 유혹의 본질이 국가를 위한 애정과 충성심일까요, 아니면 권력욕과 사적인 이득을 추구하고 있는 것일까요?

내가 원하는 바를 다 들어줄 것 같이 보이거나 그런 말을 하는 사람일수록, 혹하지 말고 한 번 더 생각해보십시오. 생리학적으로 비유하면 건강한 삶의 힘은 사탕이 아닌 소금에서 나옵니다. 한 표를 얻으려는 사탕의 유혹에 넘어가면 소금의 힘은 희석됩니다. 그래서 사탕으로 유혹하는 후보자에게는 '소금 들고 덤벼야' 할 것 같은 충동이 들기도 합니다. 그 사람이 내세우는 무지개빛 미래는 환상의 세계입니다. 당선되자마자 무지개는 사라질 것입니다.

그 사람에게 투표하면 자신을 위해 한풀이를 해줄 것이라는 환상이 드나요? 무시해야 합니다. 처음부터 처벌과 배제를 앞세운다면 좋은 지도자 감이 아닙니다. 좋든 싫든 격려하고 도와서 발전 추진력을 높이는 사람이어야 합니다. 다른 사람의 처벌에 온 힘을 쏟기보다는 자신이 같은 잘못을 되풀이하지 않는 지혜를 지니고 있어야 합니다. 분열보다는 통합을 추구해야 합니다. 당신이 선택하려는 후보자의 초자아 시계는 바늘이 어느 쪽을 가리키고 있나요?

일단 뽑혀서 자리에 앉으면 선거 전과는 다른 사람입니다! 설령 마음은 처음에 세운 뜻을 끝까지 밀고 나가려 해도 주변에서 그렇게 놓아두지 않습니다. 분주해서 자신을 성찰할 시간도 별로 없습니다. 이상과 현실 사이에서 조정, 협상, 타협이라도 하려고 한다면 다행일 뿐입니다.

대통령 선거와 관련해서 '대권(大權)'이라는 용어를 자주 쓰는데 들을 때마다 깜짝 놀랍니다. '큰 권력'이라는 표현이 민주주의 체제에 그리 어울리지 않는 말입니다. '대권'을 꿈꾸나요? 주변의 달콤한 말에 배신당하지 않으려면 셰익스피어의 비극 『리어 왕』을 참고하시길 바랍니다.

'뽑히는 사람'은 극소수입니다. 잘 뽑아야 합니다. 절대 다수인 '뽑는 사람'은 고민이 많습니다. 그 사람의 가지와 줄기는 물론이고 뿌리까지 선택하는 일이기 때문입니다. 잘못 뽑으면 절대 다수의 뿌리가 흔들립니다.

그 사람을 제대로 알려면 겉으로 보이는 가지나 줄기가 아닌, 뿌리를 봐야 하는데 과연 언제 드러날지 궁금합니다. 그 사람이 말실수했을 때를 놓치지 마십시오! 말실수를 캐면 뿌리가 보입니다. 술이 취하면 진심이 드러나는 것과 같습니다. 사람이 말이고 말이 사람입니다.

이해인가, 오해인가

'이해'와 '오해'를 종이에 써서 가만히 들여다보면 재미있습니다. 글자 모양은 사소한 차이인데 뜻은 정반대입니다. 그 사람이 나를 이해하기는 불가능해 보입니다. 방법이 없습니다. 답답합니다. 어떻게 해야 하나요? 오해를 풀려고 더 애를 써야 하나요? 그냥 살아야 하나요? 근본적인 질문을 던져봅니다. 누가 누구를 이해하는 일이 가능한가요? 절대적인 이해는 불가능합니다. 그렇다면 상대적인 이해의 정도를 백분율(%)로 표시할 수 있을까요?

이해받으려고 산다면 지나친 말이지만, 이해받는 느낌은 삶을 움직이는 에너지입니다. 남이 나를 이해하지 않으면 사회생활 자체가 어렵습니다. 용돈을 타는 일도, 결재를 받는 일도 막막합니다. 내 증상을 이해 못 하면 의사는 오진을 하고, 내 문제를 변호사가 잘못 파악하면 패소합니다. 그래서 나는 남이 나를 이해하도록 애를 씁니다. 성공과 출세도 거기에 달렸습니다.

이해의 정반대는? 몰이해입니다. 이해를 전혀 못 하는 것입니다. 몰이해보다도 더 한 것이 오해입니다. 이해와 한 글자 차이이지만, 마음의 거리로는 서울과 뉴욕만큼 떨어져 있습니다. 나는 늘 오해받지 않으려고 노력합니다. 긴장하고 애씁니다. 하지만 오해는 쉽습니다.

오해는 여러 경로로 생깁니다. 첫째, 남이 이해 못 하는 말이나 행동을 내가 별 뜻 없이 해서 생깁니다. 오해받을 가능성이 보인다면 빨리 늦기 전에 대화로 바로잡아야 합니다. 둘째, 남이 다른 사람을 판단하는 기준이 나의 것과 다른 경우입니다. 해명으로 오해를 풀어야 합니다. 단, 남의 기준을 내 기준에 맞추려고 논쟁하는 것은 금기입니다. 셋째, 남이 내 모습에서 과거의 누군가를 무의식적으로 떠올려서 오해했을 가능성입니다. 그렇다면 바로잡기가 힘듭니다. 이성이 아닌 감정의 문제이기 때문입니다. 이유 없이 마음에 안 든다고 하며 버티면 방법이 없으니 관계를 정리하는 것이 더 좋을 수도 있습니다. "첫인상이…" "왠지 느낌이…"라고 하면 내 문제가 아니고 상대의 문제로 여기고 접어야 합니다. 넷째, 나를 반드시 오해해야만 하는 이유가 남에게 있으면 정말 어렵습니다. 나를 경쟁자로 여긴다면 오해는 쉽고 이해는 어렵습니다. 경쟁자의 마음에는 늘 상대를 끌어내리려는 오해가 이해보다 높은 곳에 있습니다.

'이해인가, 오해인가?'는 개인, 가족, 사회 그리고 국가의 전반적인 문제입니다. 정치권에서 갈등이 끊이지 않는 모습을 예를 들 수 있습니다. 정치권의 다툼은 오해를 먹고 자랍니다. 다툼이 사회, 가족, 개인에게 번지면서 '아군은 반드시 이해하고, 적군이면 필히 오해해야만 하는' 분열 구도가 콘크리트 구조물처럼 굳어집니다.

이해받지 못하면, 오해를 받으면 속상하고 화납니다. 이때 조심해야 합니다. 마음이 약하면 남이 나를 오해한 바를 그대로 받아서 스스로 나를 그렇게 규정하는 어리석음에 빠집니다. 정신분석에서 '투사 동일화'로 부르는 미묘한 마음의 움직임에 걸려든 것입니다. 상대가 자신을 방어하려고 자기 성격의 일부를 내게 투사한 것을 덥석 받아서 마치 내 성격의 일부라고 느끼는 것입니다. 그런 일을 막으려면 이렇게 해야 합니다. 첫째, 자신을 믿어야 합니다. 둘째, 상대가 "너는 도대체 왜 그렇게 생각이 복잡해!"라고 하며 눈을 똑바로 뜨고 쳐다보아도 정신을 차리고 넘어가지 않아야 합니다. 생각이 복잡한 사람은 내가 아닌, 바로 그 사람이기 때문입니다.

남이 나를 오해하는 일이 잦은데 나조차 나를 제대로 이해하지 못한다면 큰일입니다. 남이 오해한 바를 그냥 따라가면서 내 삶이 흔들릴 것입니다. 내 삶의 의미를 찾지 못하고 내 잠재성을 발굴해서 나를 성장시키지도 못할 것입니다. 내가 소중히 여기는 가치를 지키며 행복하게 살기도 어려울 겁니다.

나를 진정 사랑할 사람은 나 자신입니다. 세상이나 남이 대신할 수 없습니다. 나를 스스로 깊게 사랑한다면 세상 전체가 나를 오해한다고 해도 스쳐가는 바람일 뿐입니다. 내 문제가 아니고 세상의 문제, 남의 문제일 뿐입니다. 그렇지 못하고 휩싸여서 나 자신을 지키지 못하고 무너진다면 큰 상처가 남아 속을 끓이게 됩니다.

오해의 늪에서 나와 이해의 숲으로 들어가야 합니다. 나의 참모습을 내가 이해하면 남의 눈치라는 그물에서 벗어나 내 삶의 의미를 즐기며 자유롭게 살 수 있는 힘이 생깁니다. 면역력을 기르면 '오해 바이러스'는 죽어 없어집니다.

오해로 넘어가는 문턱은 낮고, 이해로 넘어오는 문턱은 높습니다. 한문을 숭상하는 학자들의 극렬한 반대를 무릅쓰고 한글을 창제한 세종대왕이나 왜군을 물리치는 과정에서 말만 많고 무능력한 조정으로 인해 고초를 겪은 이순신 장군이 문턱의 폐해를 심하게 입었습니다.

이해와 오해의 차이를 판별하는 힘은 책을 읽고 교육받는다고 얻을 수 없습니다. 정신분석학을 창시한 프로이트 박사도 초기에는 오스트리아 빈 의학계에서 '상종 못 할 사람'으로 집단 따돌림을 받았습니다. 마음을 움직이는 힘으로 '성욕설'을 주장하자 '섹스나 밝히는 인간' 취급을 받아 강연 중간에 사회자가 여성들을 모두 내보낸 일도 있었습니다.

어떻게 하면 이해가 오해로 넘어가는 일을 막을 수 있을까요? 완벽한 방법은 없습니다. 급한 마음에 나와 남 사이의 소통을 차단하면 오해를 이해로 돌릴 길 자체가 막힙니다. 해법은 융통성입니다. '융통성'은 태도이며 의식이 열려 있는 상태입니다. 내가 남을 오해했을 가능성도 부정하지 않아야 변화의 문이 닫히지 않습니다.

세 번째 판

미사일 같은 내 마음의 방어 체계

깜짝 놀랐습니다. 이스라엘 강연자가 이렇게 이야기했습니다. "내가 사는 도시로 적국에서 미사일이 날아온 날 밤, 주민들의 수면을 연구했습니다." 미사일에 대한 공포를 우리 사회도 느낍니다. 뉴스에서 미사일의 종류와 성능을 설명하면 집중하게 됩니다.

마음에도 미사일이 있습니다. 종류가 여러 가지입니다. 공격용이 아니고 방어용이어서 방어기제라고 합니다. 무엇을 방어할까요? 외부 위협은 물론이고 내부의 갈등에서 생기는 불편한 감정으로부터 내 마음을 지킵니다. 종류는 다양하고 나도 모르게 작동해서 알아채지 못합니다.

이름부터 미사일 같은 느낌인 방어기제로, 투사가 있습니다. 내 마음에서 불편하거나 위험해서 인정하고 싶지 않은 것을 남에게 던지는 것입니다. 예를 들어 미운 사람이 있습니다. 미워하면 되지만 그렇게 하려니 내가 속 좁은 사람 같아 불편합니다. 그래서 내 속의 미운 감정을 그 사람에게 던집니다. 그 사람이 나를 미워한다고 생각이 바뀝니다. 마음이 편해지면서 남을 미워하지 않는다는 내 이미지도 지키게 되었습니다.

배우자에게 의심이라는 감정을 체계적으로 투사하면 의처증이나 의부증이 생깁니다. 남편이나 부인이 바람을 피우고 나서 생긴 죄책감을 배우자에게 씌우는 것입니다. 그러면 본인이 아닌 배우자의 외도를 의심하게 되고, 죄책감에서 벗어납니다. 물론 부부관계는 혼돈에 빠집니다.

투사의 변형인 '투사 동일화'는 한 단계 더 나아갑니다. 남에게 투사한 후에 그 사람이 내가 투사한 바를 자신의 것으로 받아들이도록 조정까지 하는 것입니다. 남녀가 사귀면서 생기는 일을 예로 들겠습니다. '나쁜 남자'가 교묘하게 자신의 마음 일부를 여자에게 투사합니다. 여자는 스스로 자신을 '나쁜 여자'로 느끼게 되면서 남자에게 더 잘 하려고 애를 쓰고 남자는 그런 여자를 이용해서 이득을 취합니다. 동일한 방식으로 여자가 남자를 이용하기도 합니다. 남녀관계뿐만이 아니라 힘이 강한 자와 약한 자의 '갑을'관계에서도 투사 동일화는 힘을 발휘합니다.

방어기제도 미사일처럼 등급이 있습니다. 미성숙 방어, 중간급 방어, 성숙 방어입니다. 미성숙한 방어일수록 건강한 적응에 도움이 안 됩니다.

'퇴행'은 미성숙 방어로 어린아이처럼 되어서 벗어나려는 겁니다. 학교에 가기 싫어서 다 큰 아이가 오줌을 지린다면 퇴행입니다. 윗사람에게 야단맞아서 기분 나쁘다고 결근을 해도 퇴행입니다.

'부정'도 미성숙 방어입니다. 뻔한 일을 아니라고 우기는 겁니다. 인정하면 마음이 아프기 때문입니다. 진단이 확정된 위암을 위염으로 믿으면 부정하는 것입니다. 치료 시기를 놓치게 됩니다. 술이나 약물중독도 '중독이 될 리가 없어'라고 부정하지 않고 제때 끊었다면 피했을 겁니다. '회피'는 피하는 겁니다. 폐소공포증이 있으면 승강기를 피해 계단으로 다닙니다. "건강을 위해서!"라고 이유를 대지만 오르고 내리는 일은 힘듭니다.

'전치'는 엉뚱한 사람이나 대상에게 불편한 감정, 생각, 행동을 옮기는 방어기제입니다. 헤어진 연인과 자주 갔던 커피 전문점을 피해 다닌다면 헤어짐의 슬픔을 떠올리지 않으려고 하는 것입니다.

'행동화'는 감정이나 생각을 말이 아닌 행동으로 표현합니다. 밥솥이 분출하는 증기처럼 답답함을 줄여주지만 결과는 대개 부정적입니다. 경적에 놀랐다고 운전자를 때리면 행동화입니다. 기분 풀이는 잠시일 뿐이고 법의 처벌은 오래갑니다.

'반동형성'은 정반대로 표현하는 것입니다. '미운 놈에게 떡 하나 더 주기' 식입니다. 싫은 소리를 못 하는 성격의 사람이 자기를 괴롭히는 윗사람을 오히려 칭송한다면 적개심을 감추는 반동형성을 한 것입니다.

'동일화'는 남과 같아지려는 것입니다. 학생 시절에 존경하던 선생님을 따라 교사가 되었다면 동일화를 한 것입니다. '공격자 동일화'는 특별합니다. 호된 시집살이를 겪은 며느리가 나이 들어서 엄한 시어머니가 됩니다.

성숙한 방어는 '이타주의'가 대표적입니다. 사회봉사가 좋은 예인데, 나보다 남을 더 위하는 마음에도 갈등은 숨어 있습니다. 자신이나 가족은 돌보지 않고 다른 사람들을 위해서만 산다면 숨어 있는 동기를 살펴야 합니다. 서양 속담에도 '자비는 내 집부터 시작한다'라는 말이 있습니다.

'유머'도 성숙한 방어기제입니다. 사람, 상황이 불편할 때 효과적으로 쓰입니다. 나치 독일이 자신의 책들을 금지하며 불태운 일을 두고 프로이트는 "중세 시대에는 사람을 태웠는데 책을 태웠으니 나는 정말 재수가 좋다"라고 유머로 받아치며 마음을 달랬습니다.

마음의 방어기제들을 '방어용'이라고 부르기는 하나 미사일처럼 공격성도 가지고 있습니다. 미성숙한 방어기제를 함부로 지나치게 쓰면 공격이 됩니다. 남과의 관계가 덜컥거려서 삶이 힘들어집니다. 방어기제를 남용하기보다는 대화와 소통으로 풀어야 합니다. 쉽지는 않습니다. 내가 방어를 풀고 대화해도 상대가 방어하면 진전이 없습니다.

개인 사이는 물론이고 집단 간에도 방어기제는 활발하게 작동합니다. 정치가 발전하려면 정당과 정당이 주고받는 공격과 방어가 성숙해져야 합니다. 부정, 회피, 투사, 투사 동일화, 행동화가 아닌 유머로 대응하는 장면이 많이 목격되면 좋겠습니다.

소통은 원천적으로 어렵습니다. 소통을 하려면 어렵다는 사실부터 받아들여야 합니다. 양측 모두 자기중심적임을 솔직하게 인정하고 시작해야 합니다. 이쪽이 자기의 일을 먼저 생각하면 저쪽도 당연히 그럴 겁니다. 이쪽이 바라는 방식으로 저쪽이 소통해 주기를 지나치게 기대하면 진전은 없고 상처만 남습니다. 환상이 아닌 현실에서 해법을 찾아야 합니다.

엄마의 '나'를 이해하기

엄마는 늘 주는 존재였습니다. 어려서부터 그렇게 겪었으니 자식은 커서도 자신에게 엄마가 그러기를 바랍니다. 정신분석학도 전에는 엄마를 그런 식으로 봤습니다. 프로이트는 엄마를 자신의 삶과 주관성을 가진 사람이 아닌, 아이의 욕구와 소망을 충족시키거나 좌절시키는 공급원 정도로 봤습니다. 그는 정신분석가도 피분석자의 마음 움직임을 그대로 비춰주는 '거울'과 같은 존재로 봤습니다. 분석가의 익명성과 중립성을 강조하며 분석가의 '나'는 드러내지 않을수록 바람직하다고 했습니다.

프로이트 이론에 무조건 동조하지는 않았던 영국의 대상관계 학파조차도 엄마는 아이의 욕구와 소망을 받아주고 마음의 혼란을 정리해주는 '대상'으로 봤습니다. 엄마의 '나', 즉 엄마의 욕구, 소망, 꿈, 삶은 고려하지 않았습니다. 그래서 엄마의 주관성에 별 관심을 쏟지 않는 이런 이론들을 모아 '1인 심리학'이라고 부릅니다.

세 번째 판

1인 심리학이 보는 엄마는 아이가 제대로 건강하게 자라기 위해 활용해야 할 수단이자 도구입니다. 엄마 자신이 겪는 불안, 공포, 좌절, 우울 같은 부정적인 경험조차 아이의 성장과 발달에 어떤 영향을 끼칠까 하는 관점에서만 다루어집니다. 엄마도 당연히 사람인데 지금 보면 상식에도 어긋납니다. 절대적으로 보완이 필요한 관점입니다.

세월이 흐르면서 미국에서 '관계 정신분석학'이라는 명칭의 학파가 등장했습니다. 스티븐 미첼(Stephen Mitchell)이라는 뛰어난 이론가의 주도로 정신분석학의 판을 바꾸겠다는 야심을 드러냈습니다. '관계 정신분석학'은 미국 출생의 정신과 의사 해리 스택 설리번(Harry Stack Sullivan)이 창시한 '대인관계 심리학'에, 영국의 대상관계 학파 이론을 더한 것입니다. 밖에서 작용하는 대인관계와 안에서 움직이는 대상관계가 합쳐진 '관계의 무대'에서 마음이 자라면서 심리적인 문제가 생긴다고 보았습니다. 당연히 아이의 주관성에 더해 엄마의 주관성도 중요하게 여겨서 '2인 심리학'으로 분류합니다.

미첼은 박학다식하며 정교한 이론가이자 단호한 토론자였습니다. 자신이 내세운 이론을 확신하는 관계 정신분석학파의 스타였습니다. 따르는 사람이 많았지만 불행하게도 환갑도 되기 수년 전에 갑자기 세상을 떠났습니다. 이제는 전설이 된 그의 이름을 떠올리며 아직도 슬픔에 잠기는 추종자들이 있습니다.

관계 정신분석학이 정신분석학의 지평을 확장했으나 성격 발달, 심리 발달, 갈등 관리를 관계의 관점에서만 보다가 정신분석의 깊이를 잃어버리고 다른 학파 이론들의 장점을 가린다는 비판도 받습니다. 비판은 제쳐두고 관계 정신분석학의 관점을 일상에 적용한다면 새로운 깨달음을 얻을 수 있을까요?

첫째, 가족관계입니다. 현대와 전통사회의 가족은 크게 다릅니다. 욕망의 모습이 급변하면서 가족 사이의 갈등은 여러 형태로 깊게 나타납니다. 나이 들고 미혼인 딸, 아들이 같이 살면서 부모에게 더 오래 의존하게 되었습니다. 초고령 사회에 편입되는 부모도 자신들이 살아갈 길을 찾아야 합니다. 자식의 욕구, 소망, 꿈을 언제까지나 충족시켜 줄 수는 없습니다. 부모도 자신의 마음을 가진 고유한 사람입니다.

효의 개념도 흔들립니다. '부모를 잘 섬기는 일'을 두고 세대 간에 의견이 엇갈립니다. 관계 정신분석학이 효를 정의한다면 엄마, 아빠도 자신의 삶이 있는, 자식을 위해 늘 희생하는 대상이 아닌, 독립적인 사람임을 자식이 인정하는 것이 핵심이 될 것입니다. 나 자신이 남들에게 인정받기를 원한다면 엄마의 '나', 아빠의 '나'도 인정하고 존중해야 공정합니다.

부모 자식의 공생관계는 어려서는 약이지만, 커서는 독입니다. 벗어나지 못하면 부모는 삶의 방향을 잃고, 자식은 삶을 개척할 능력을 잃습니다. 각자의 삶이 지닌 고유성을 인정하지 않으면 오해와 갈등이 이어집니다. 고유성의 상호 인정은 감정적이고 격렬한 논쟁이 아닌 내적 성찰로 이루어져야 합니다. 자식이 부모의 '나'를 존중하지 못하는 버릇을 들이면 집 밖에서도 다른 사람의 '나'와 충돌합니다. 사회적 갈등은, 나의 '나'는 존중받기를 요구하면서 남의 '나'는 인정하지 않아서 생깁니다.

둘째, 정치인과 유권자, 기업가와 소비자 사이의 바람직한 관계도 관계 정신분석학으로 살피면 명백합니다. 정치인이 유권자를 '한 표'로 본다면 유권자의 형편, 유권자의 '나'에게 관심을 가질 이유가 전혀 없습니다. 기업가가 소비자를 그저 '돈'으로 본다면 기업은 오래가기 힘듭니다. 정치인은 항상 자신의 '나'를 매우 중요하게 생각합니다. 그래야 오래 정치권에서 살아남을 수 있습니다. 알았으면 합니다. 유권자도 똑같이 그렇게 생각하는 사람입니다!

'2차 심리학'은 마음을 넓게 깊게 보도록 합니다. 대상으로만 파악하고 있던 사람의 고유성과 주관성을 이해하도록 돕습니다. 자식이 부모의, 정치인이 유권자의, 기업가가 소비자의 고유한 주관성을 깨닫고 존중하면 자신들의 성장에도 크게 도움이 됩니다. 나의 '나'와 남의 '나' 사이의 소통법 계발은 누구에게나 평생의 과제입니다. 관계 정신분석 학파가 우리 모두에게 전하는 메시지를 새겨들어 실천했으면 합니다.

세 번째 판

매력 뒤에 숨어 움직이는 자기애

세상은 온갖 매력으로 넘칩니다. 일상 여기저기에, 화면 이곳저곳에 매력 만점인 사람들이 보입니다. 궁핍했던 반세기 전과 비교하면 나라의 '매력 총량'이 폭발적으로 늘어났습니다. 해외에서도 한국인 관광객은 세련된 옷차림으로 이름이 났습니다.

이렇게 매력적인 세상이라면 배려와 사랑이 사람들 사이에서 넘쳐나야 하지 않을까요? 하지만 기대는 빗나가고 현실은 삭막합니다. 매력은 향수처럼 풍기며 사람을 사로잡습니다. 심리 현상이지만 뇌의 화학 반응도 동반됩니다. 매력을 느끼는 대상은 다양해서 외모, 똑똑함, 행동, 성격, 직업, 배경 등인데 결국 요약하면 몸, 마음, 행동입니다.

건강한 몸의 매력은 진화론으로 설명합니다. 바람직한 몸을 얻으려고 감각적인 옷차림을 하고 명품을 착용합니다. 피부를 관리하고 성형 수술을 받습니다. 역설적으로는 창백한 얼굴이 보호 본능을 자극하기도 합니다.

마음의 매력은 오래갑니다. 진중하기보다는 쾌활해야 유리합니다. 그렇다고 진중한 사람에게 기회가 없는 것은 아닙니다. 남에게 공감하는 능력을 내세우면 됩니다.

행동의 매력은 몸과 마음의 매력을 합친 것입니다. 남을 배려하는 몸의 움직임이 중요합니다. 비 오는 날 우산을 받쳐주는 게 배려입니다. 미소의 힘도 강합니다. 언제 어떻게 웃어야 하는지를 아는 사람은 전문가입니다. 눈빛도 있습니다. 친구가 직접 경험한 바에 의하면, 미국의 전직 대통령 중 어떤 분이 무릎을 낮추고 눈을 지그시 들여다보면 매력을 느끼지 않을 방법이 없다고 했습니다.

자기애는 생존 본능에서 비롯됩니다. 눈조차 제대로 뜨지 못하는 갓 태어난 아기에게 엄마의 젖은 세상의 전부입니다. 조금만 보채도 입안으로 젖이 들어오니 아기는 스스로 세상의 중심에 서 있다는 착각에 빠집니다. 아기가 더 크면 다음처럼 됩니다. 미국 샌프란시스코에 큰 지진이 났을 때 어린 아들이 직장에 있는 아빠에게 전화를 걸어 이렇게 말했습니다. "아빠, 내가 그런 게 아니야!" 자기애는 과대망상과 친하게 지냅니다.

나이가 들면서 자기애의 기세는 점점 줄어듭니다. 하지만 어른이라고 해서 자기애를 포기하지는 않습니다. 비록 더 이상 세상이 자신을 중심으로 돌아간다고 착각하지 않지만, 자기애는 세상을 잘 살겠다는 노력으로 이어집니다. 어른이 되어서도 세상의 중심이라고 착각한다면 망상입니다. 심하면 자기애적 성격장애가 됩니다.

자기애는 사랑의 시작과 종말에도 결정적인 역할을 합니다. 자기애는 매력을 가꾸려는 동기를 제공하고 열정으로 표현됩니다. 열정적인 사랑이 늘 실패하지는 않습니다. 친밀한 관계로 평생 이어지기도 합니다. 단, 뜨겁게 시작되었다면 그만큼 실패하고 상처받을 확률이 높습니다. 뜨거울수록 사랑의 시작이 나에 대한 사랑, 자기애였기 때문입니다.

그녀에게 그가 다가옵니다. 어느새 그가 그녀의 삶에서 중심을 차지합니다. 잦은 만남과 전화, 이메일, 소셜미디어를 통해 한 집에서 사는 듯 느낍니다. 그가 그녀를 끊임없이 칭찬합니다. 그녀의 자존감은 하늘 높이 솟구칩니다. 평소 꿈꾸던 동화 속 공주가 되었습니다. 이제는 그에게 헌신해야 한다는 사명감, 책임감을 느낍니다. 그에게 줄 수 있는 모든 것을 줍니다.

그런데 평소와 달리 그가 자꾸 그녀에게 트집을 부립니다. 그녀 때문에 이런저런 일들을 망쳤다고 원망합니다. 그렇게도 칭찬과 배려를 아끼지 않았던 그의 말들을 그녀는 믿을 수밖에 없습니다. 마음 깊이 반성하고 더 잘하겠다고 각오를 다집니다.

노력해도 그의 반응은 전혀 바뀌지 않습니다. 어쩌다가 기분이 좋으면 이전처럼 그녀에게 과도한 칭찬을 하지만, 더 자주 조목조목 그녀를 탓합니다. 만나도 안 만나도 괴롭습니다. 비탄과 우울에 빠진 그녀는 잠을 이루지 못합니다. 그의 기대와 소망에 맞출 수 없는 자신을 미워합니다. 그러던 어느 날 깨닫습니다. 그에게 너무 노예처럼 매여 있지 않았는지. 어느 날 그가 연락을 끊습니다. 그의 지인들이 그녀를 비난한다는 말이 여기저기에서 들려옵니다. 그가 그녀를 버린 것입니다.

돌이켜 봅니다. 그가 그녀를 칭찬하고 배려하는 동안 다른 여성들도 늘 그의 옆에 있었습니다. '독점적 위치'라는 자신감은 환상이었습니다. 그는 늘 그렇게 살아온, 다른 사람들을 이용하지 않으면 불행한 사람입니다. 그에게 그녀는 그저 그렇게 이용해야 할 사람이었을 뿐입니다. 이렇게 따져 물어도 그는 절대로 인정하지 않을 것입니다. 어리석었습니다. 하지만 괜찮습니다! 누구나 실수하며 삽니다!

그녀가 상처를 치유하고 새 출발을 할 수 있을까요? 우선 그 남자의 과도한 자기애가 자신에게 어떻게 어떤 영향을 끼쳤는지를 알아내야 합니다. 그래야 정리도 되고 잘 헤어질 수도 있습니다. 그렇지 않으면 계속 비슷한 사람을 찾아 사귀면서 같은 실수를 되풀이하고 상처를 받을 겁니다. 실패한 관계를 그 남자의 자기애가 정해진 순서를 밟은 필연적인 결과로 이해하고 대책을 세워야 합니다. 자신의 삶을 고통 속에서 더 이상 낭비할 필요가 없습니다.

건강한 관계란 상대에 대한 환상이 아닌 나 자신의 자존감 위에 세워야 합니다. 매력적인 상대방이 내게 잠시 열정적으로 베푸는 것에 아무 생각 없이 매달리면 기초 없는 건물처럼 사소한 충격에도 와르르 무너집니다. 순리가 아닌 관계는 늦기 전에 정리해야 합니다. 내 삶은 내가 세우고 내가 지키는 것입니다.

건강한 관계는 두 사람이 독립적으로 세운 두 기둥 위에 같은 지붕을 얹는 것입니다. 두 기둥을 무리하게 가까이 옮기면 건물은 무너집니다. 내 정체성을 존중하는 사람이 진정한 동반자입니다. 무시하거나 자신의 것으로 흡수하려는 사람은 나를 자기의 노예로 만들려는, 자기애의 중독자입니다. 마음이 추울 때일수록 잘못 쓰면 화상을 입는 '뜨거운 사랑'보다, 느려도 안전한 방법으로 '체온'을 보존해야 합니다. 그런 방식이 '매력의 시대'에 어울리지 않는다고 느끼나요? 급할수록 천천히 가야 합니다.

매력을 만들고 유지하고 관리하는 일은 매우 어렵습니다. 그 일에 몰입하면 삶의 시선은 늘 현실을 향해 치우치고, 내면을 들여다보는 능력은 퇴화합니다. 마음이 퇴화하면 매력은 증발합니다. 몸과 마음의 균형을 건강하게 지키는 것만이 지속적으로 매력을 표출하는 비법입니다.

세 번째 판

친밀한 관계에서 조심할 것

'우리'는 흥미로운 말입니다. 뜻풀이를 찾아보면 "짐승을 가두어 기르는 곳" "자기와 여러 사람을 포함한 일인칭 대명사" "어떤 대상이 자기와 친밀한 관계임을 나타낼 때 쓰는 말"이 보입니다. 모두 소속감이나 친밀감의 표현입니다. 이에 반해 '남'은 '자기 이외의 다른 사람' '아무런 관계가 없거나 관계를 끊은 사람'입니다.

나와 남은 낱낱이 다른 사람입니다. 그래서 사람을 개인(個人: 낱 개, 사람 인)이라고 합니다. 철학에서는 남을 타자(他者)라고 부르는데, 타자가 지니는 성질이 타자성(他者性)입니다. 타자성은 시간이 흘러도 불변하며 본질이 고유합니다. 내가 나를 다소 알지만 내가 남을 알기는 어렵습니다. 그러니 세상을 떠도는 "내가 너를 이해한다"라는 말은 허망한 말입니다. 김국환이 불러서 유명해진 〈타타타〉를 들어보면 이해에 도움이 됩니다. 노래는 이렇게 시작합니다. "네가 나를 모르는데 난들 너를 알겠느냐…"

개인과 개인이 모여 세상이 펼쳐집니다. 개인과 개인이 모이면 개인은 인간(人間: 사람 인, 틈 간)이 됩니다. '틈'은 관계의 공간입니다. '인간'이라는 말에는 세상과 개인에 대한 세상의 평가가 담깁니다. 인간 세상의 사람은 자기가 누구와 친하다고 말하기를 좋아합니다. 친한 사이를 강조하려고 친밀하다는 표현도 씁니다. 나와 남 사이가 틈이 빽빽할 정도로 가까운 관계라는 뜻입니다. 가까운 관계는 정겹습니다.

가까이 있다고 반드시 친밀한 것은 아닙니다. 멀리 있어도, 심지어 잘 몰라도 가깝게 느낄 수 있습니다. 가까운 사이와 진심을 드러낼 수 있는 사이가 반드시 일치하지는 않습니다.

진심을 주고받아야 진정(眞情)으로 친밀해질 수 있습니다. 진심은 내가 남에게, 남이 내게 각자의 내면을 자발적으로 보여야만 드러납니다. 친밀함이라는 뜻의 영어 단어(intimacy)는 라틴어가 뿌리인데 원래는 '사람의 내면'이라는 뜻으로 썼으나 이제는 나와 남 사이의 교류를 강조하는 의미로 사용합니다.

어떤 세상을 살기 원하시나요? 남과 나의 차이를 존중하는 세상이 좋은 세상입니다. 서비스 산업은 경쟁적으로 친절을 강조합니다. 피상적 친절은 바람처럼 가볍게 스쳐 지나갑니다. 친절보다 중요한 것은 존중입니다. 장애인에게는 지나가는 친절보다 편의시설 확충이 존중의 표현입니다. 소수자의 희망은 사회가 다름을 인정하는 것입니다.

타자성과 비슷하면서 다른 개념으로 단독성(單獨性)이라는 개념이 있습니다. 내가 남과 다른 것은 기본이고, 서로에게 속하지 않고 거리를 두면서 단독으로 존재한다는 뜻입니다. 존재하는 판(처지와 입장)이 서로 다르니 남의 판을 존중하고 판을 깨지 말자는 의미이기도 합니다. 내 입장만 가지고 어설프게 남의 처지를 이해한다고 말하지 말라는 것입니다. 친절과 공감을 앞세워 남을 나와 합치거나 종속시키지 말라는 말입니다. 나와 남 사이의 고유한 틈을 인정하고 인간 대 인간으로서 이해해야 살 만한 세상이 됩니다.

어떤 사람은 남과 사이가 좁혀지는 것을 두려워합니다. 가까이 갔다가 상처 입은 경험이 있다면 더욱 그렇습니다. 상처를 새로운 경험으로 치유하려 하다가도 마음을 풀었다 조였다 하면서 힘들어합니다. 자라 보고 놀란 가슴 솥뚜껑 보고 놀라기 마련입니다. 이해가 됩니다.

친밀한 관계가 상처를 주는 일도 흔합니다. 타자성과 단독성이 무시되면 개인의 정체성이 무너지며 고통받습니다. 친밀한 관계가 꼭 좋은 관계는 아닙니다. '친구 따라 강남 간다'라는 속담이 있습니다. 남에게 끌려서 아무 일이나 덩달아 하면 낭패당하고 후회합니다. 나를 알고 남을 제대로 볼 수 있어야 성숙한 관계이고 협업으로 창조적인 결과를 낼 수 있습니다. 무리해서 나와 남을 합치면 부작용만 생깁니다.

타자성과 단독성은 정신분석학의 노벨상으로 불리는 시고니상(The Sigourney Award)을 받은 워런 폴란드(Warren Poland)의 주장입니다. 그의 생각에 한국적 사고를 더해 풀어보았습니다.

지나친 자기애를 조절하기

초등학생 때 읽었던 소설 『로빈슨 크루소』의 주인공은 항해 중에 조난 당해 홀로 무인도에 정착합니다. 식인종에게 잡아먹히기 직전의 원주민을 구해 같이 삽니다. 사람은 절대로 혼자서 살 수 없다고 읽었습니다.

마음의 고통을 호소하는 이야기들을 30여 년 동안 들으며 간접 경험을 넘치게 했습니다. 사회적 갈등은 쉽게 눈에 띄지만 마음의 갈등은 가려져서 잘 안 보입니다. 숨어 있지만 마음이 품고 있는 에너지는 강력해서 인내의 한도를 넘으면 폭력적인 말이나 행동으로 나타납니다.

대학에서 정년퇴임은 했지만 아직 현역입니다. 내가 하고 싶은 일을 주로 하니 좋습니다. 읽기, 쓰기, 가르치기가 대부분인 단순한 생활입니다. 직장 안에서 생활하며 몰랐던 것을 동네를 다니며 배웁니다. 병원에서는 못 만났던 사람들을 거리에서 봅니다.

충동 조절을 힘들어하는 사람들이 너무나 많습니다. 고함은 흔하고 심하면 욕설도 들립니다. 역사상 인류가 이보다 더 물질적으로 넉넉

했던 적은 없었을 것입니다. 풍요와 넉넉한 마음은 무관한 듯합니다.

떠들며 뛰어다니는 아이를 다른 손님이 말려도 될까요? 젊은 부모와 멱살잡이할 각오가 아니라면 참아야 합니다. 아이도 충동을 적절하게 조절해야 합니다. 귀하게 키우는 것과 남들이 피하는 사람이 되는 건 다른 일입니다.

저출산 시대의 아이들은 귀한 대우를 받아서 사소한 좌절도 감당하기 힘들어합니다. 부모의 형편에 따르겠으나 대개는 '하나 밖에 없는 아이'로 귀하게 자랍니다. 양육 과정에서 조심하지 않으면 자기애가 팽창합니다. 자기애가 지나치면 남이 눈에 잘 안 보입니다. 충동을 조절하는 게 힘들면 안타깝게도 걸어 다니는 '폭탄' 역할을 합니다. 자기애가 과도하면 충동이 조절되어도 남의 입장에 공감하지 못하니 외톨이가 됩니다.

'우리'는 같은 땅에서 같은 시대를 보내는 사람들을 뜻합니다. 따라서 태어나기 전이나 죽은 후에는 '우리'가 없습니다. 우리 중에 누가 충동을 참지 못해 문제를 일으키면 우리 모두를 위해서 해결해야 합니다. 경찰과 구조대가 출동해야 하고 법의 판단을 받아야 합니다. 부순 것을 복구하는 데 돈도 듭니다. 다른 사람들이 소식을 듣고 개탄하고 분개하는 시간 자체도 사회적 낭비입니다.

사회 갈등을 법으로만 풀려고 한다면 '한 가족 한 변호사 시대'가 와야 할 것입니다. 지나친 자기애나 충동 조절의 장애는 양육과 상관이 있습니다. 이 문제를 사회나 국가가 대신 풀 수 있을까요? 냉정하게 말해, 입시 위주의 공교육이 해결할 것 같지는 않습니다. 세력 확장에만 힘 쏟고 자식에게 물려주기도 하는 종교 집단에 기대를 걸기도 어렵습니다. 집단 자체가 자기애적이어서 그렇습니다. 국민의 10퍼센트를 정신건강의학과 전문의로 양성할 수도 없겠습니다.

양육은 양육자가 풀어야 할 숙제입니다. 핵가족 시대여서 아주 불리합니다. '귀한 자식, 더욱 귀하게 키우기'의 사회 분위기가 제대로 된 양육의 앞길을 막습니다. 그렇다고 해서 '하루 한 번 가볍게 야단치기' 국민운동을 제안할 수도 없습니다.

해결 방법이 있을까요? 첫째, 크는 아이의 자기애 정도, 충동 조절 능력을 양육자가 지속적으로 살피며 조절해야 합니다. 바쁜 세상에서 쉽지 않습니다. 반복해야 습관이 되어서 편합니다. 둘째, '공부, 공부!'라는 말은 덜 하고 아이들의 잠을 더 재우십시오. 잠이 모자라면 충동 조절이 안 됩니다. 셋째, 어른들이 싸우는 모습을 제발 덜 보여주어야 합니다. 아이들이 보고 배우면서 따라합니다. 방송도, 신문도, 게임업계도 달라져야 합니다. 넷째, 퇴근 후에는 될 수 있는 한 집에서 아이와 함께 하는 시간을 많이 가지십시오. 아이가 훌쩍 커버리면 같이 시간을 보내려 하지 않습니다. 집에 가서 쉬어야 가족이 눈에 보입니다. 다섯째, 상황이 나아지지 않으면 오래전에 알프레드 아들러(Alfred Adler)가 오스트리아에서 주도했던 '아동 지도 클리닉' 운동을 고려해 봅시다. 아동 지도 클리닉에서는 아들러의 '개인심리학' 이론에 기반을 두고 아이들이 다른 아이들과 세상과 어울려 사는 방법을 가르쳤습니다. 자기만 알고 자라다가 비행 청소년이 되는 것도 예방하려고 했습니다. 아이들의 마음을 건강하게 키우는 데 도움이 되었다고 합니다. 100년 전인 1920년대 후반에 이미 수도 빈에만 20여 군데에 클리닉이 설립되었고 유럽과 영국으로 파급되었습니다. 지금은 21세기이니 마음만 먹으면 더 쉽게 세우고 운영할 수 있을 겁니다.

살기 좋은 사회는 구성원들이 끊임없이 노력하고 실천해야 찾아옵니다. 남을 배려할 줄 아는 마음을 가진 아이로 키운다면 국민소득이 늘어나는 것과 관계없이, 더 좋은 사회로 가는 길이 활짝 열립니다.

남의 아이 일에 왜 그렇게 관심을 가져야 할까요? 앞에서 말했듯이 남의 아이가 '우리'에게 속하기 때문입니다. 우리는 어떻든지 우리일 수밖에 없는, 같이 살아가야만 하는 존재이기 때문입니다.

세 번째 판

· 네 번째 판 ·

내가 숨긴 나를 찾으려면

: 정체성 다루기

내 마음이 내 마음이 아닙니다. 자꾸 숨기려고 합니다.
'저항'이라는 이름으로 부릅니다.
저항은 침묵의 모습으로 나타납니다.

침묵의 뒷모습

글이 쉽게 써지지 않습니다. 이유가 있을 것입니다. 독자에게 도움이 되는 글을 써야 한다는 부담감, 내 글이 함량 미달일 것 같은 불안감, 또 무엇이 있을까요?

정신분석을 받으려고 긴 의자에 누워 자유연상을 하는 사람도 비슷합니다. 분석가가 내가 하는 말을 어떻게 받아들일까? 이런 창피한 일도, 죽을 때까지 숨기고 싶은 일도 시시콜콜 이야기해야 하나? 나를 이상한 사람으로 여기지 않을까? 생각이 많습니다.

분석을 받으려고 누워보았나요? 소파에 누운 것과 다르지 않습니다. 몸은 편안합니다. 마음은 좀 불편합니다. 지금 당장 이 말을 할 것인가, 말 것인가? 갈등이 생깁니다. 말없이 있자니 시간이 흘러가서 초조합니다. 정체된 길에서 택시 뒷자리에 앉아 요금이 올라가는 것을 보는 심정과 같습니다. 어떻게 해서든지 마음에 떠오르는 모든 것을 숨기지 말고 말해야 해! 그래야 가성비를 높일 수 있지! 다짐은 하지만 쉽게 말문이 터지지 않습니다. 내 마음이 내 마음이 아닙니다. 의도와 달리 나를 자꾸 숨기려고 발버둥 칩니다. '저항'은 분석에서 해결해야 할 걸림돌입니다. 저항의 대표는 침묵입니다. 복잡한 마음이 입을 닫은 것입니다.

일상의 침묵도 복잡한 마음의 표현입니다. 피하기 위해 침묵하는 겁니다. 무엇을 피하려고 할까요? 국회 청문회 같은 데서 흔히 보는 장면입니다.

침묵의 반대편에 있는 사람의 입장에도 한번 서볼까요? 침묵하는 환자 앞에서 분석가는 난감합니다. 대화가 수단인 분석에서 뿌리가 흔들립니다. 재료로 쓰는 '이야기'가 사라졌습니다. 상상으로 진행한다면 '소설'이 되니 그럴 수는 없습니다. 침묵의 시간을 견디면서 맞부딪혀 해결해야 합니다.

정신분석은 말로 하니 쉬울 것으로 착각합니다. 아닙니다. 기계적으로 한다면 분석이 아닙니다. 감정을 조절해야 하고 창의성이 필요합니다. 분석받는 사람의 이마에 프로이트가 손을 얹고 힘을 주면서 말하기를 억지로 권했던 서투른 시절이 있었습니다. 그러다가 그가 창의적으로 만들어낸 방법이 자유연상법입니다. 떠오르는 생각과 감정을 자유롭게 말로 표현하도록 방임하는 방식으로 바꾼 것입니다.

침묵을 어떻게 다루어야 할까요? 기다립니다. 힘겨루기가 벌어집니다. 누가 먼저 말문을 열 것인가? 침묵이 계속됩니다. 심리적인 압박에 분석을 받는 사람이 말을 다시 이어갑니다. 침묵이 너무 오래가면 분석가가 먼저 말을 겁니다. "말이 없으시군요⋯." 그래도 말이 없으면 덧붙입니다. "말하기에 거북한 생각이 떠오른 것 같습니다⋯." 침묵이 이어집니다. 어떻게 해야 할까요? "아마도 저에 대한 불편한 생각인 것 같습니다⋯"라고 직전의 맥락을 읽어서 말합니다.

"떠오르는 생각이 아무것도 없네요"라고 하며 피분석자가 계속 침묵한다면 어떻게 해야 할까요? 경험이 부족한 분석가는 말문이 막히며 당황합니다. 숙련된 분석가는 '아무 생각도 없음'에 관해서 묻습니다. 생각이 있는 마음을 아무 생각도 없는 것으로 만들어버린 행위를 붙들고 연이어 질문을 던집니다. 아무 생각도 없는 순간은 없기 때문입니다. 잠이나 꿈에서도 늘 생각은 있습니다.

뒤집어 보면, 아무 생각도 없다는 말은 특별한 생각을 했지만 그 생각을 말로 표현하기가 거북해서 안 하고 있다는 뜻입니다. 이런 식으로 분석은 계속됩니다. 이를 '저항 분석'이라고 합니다.

침묵이 해소되지 않으면 분석은 저항의 늪에 빠져 멈춥니다. 몇 달 동안 계속 그러는 일도 경험해보았습니다. 극단적인 경우는 분석 관계를 중단하고 다른 분석가에게 의뢰하는 경우도 있다고 합니다. 대개는 그렇게까지 가기 전에 침묵의 의미가 밝혀지고 분석이 이어집니다.

일상의 침묵이 주로 의식의 작용이라면 분석의 침묵은 주로 무의식의 작용입니다. 침묵의 동기와 목적은 무엇일까요? 첫째, 과거를 감추고 싶은 것입니다. 사람은 과거를 정리하고 밝은 현재와 희망찬 미래를 찾고 싶어 합니다. 분석을 받으러 온 사람은 자발적으로 시간, 비용, 에너지를 쓸 정도로 변화를 갈망합니다. 그런 사람조차 자신이 아닌 낯선 분석가에게 과거를 털어놓기는 쉽지 않습니다. 떠올리고 싶지 않은 일을 떠올리는 것부터 싫고, 그것을 말로 하는 것은 더 싫습니다. 수치심이나 분노의 감정이 겹치면 더욱 어렵습니다.

둘째, 성적 욕구나 환상을 감추고 싶은 것입니다. 성적인 생각이나 느낌을 자유롭게 표현하기는 힘들지만 그것이 이유의 전부는 아닙니다. 분석 과정에서 자신도 모르게 분석가와 가까워지고 의존하며 배려받고 싶은 마음이 생겼고, 이와 관련해서 성적인 환상이 떠올랐다면 깜짝 놀라서 침묵으로 덮습니다.

셋째, 공격성입니다. '법 없이도 살 사람'이 분석 시간에 어떤 사람을 죽도록 때리고 싶은 욕구를 느낀다면 크게 놀랄 것입니다. 내 안의 공격성에 대한 불안과 공포는 침묵으로 연결됩니다.

네 번째 판

저항을 누그러뜨리고 마음 깊은 곳을 들여다보아야 분석입니다. 말의 흐름은 물론이고 표정, 자세, 몸짓 등 몸으로 표현하는 이야기도 놓치지 않아야 합니다. 반면에 저항을 튼튼하게 키우려는 치료법도 있습니다. 안심시키고 격려하고 덮으려 합니다. 쉽게는 "신경 쓰지 마세요" "잊으세요" 같은 식입니다. 뿌리는 건드리지 않고 잎이나 잔가지만 정리하는 쪽입니다. 시간, 비용, 에너지를 아끼면서 증상 해소도 다소 되지만 갈등의 근본은 해소가 안 됩니다. 무조건 덮다가 문제를 키우기도 합니다.

일상의 관계에서도 침묵의 뒷모습을 놓치지 않으셨으면 합니다. 일상의 대화에서도 말하고 있는 것에 그치지 않고 말하지 않고 있는 것이 무엇인지를 알아야 상대를 더 이해할 수 있습니다.

상상력 결핍증에서 벗어나기

인류 문명의 기반은 무엇일까요? 바로 상상력입니다. 휴대전화처럼 마음속으로 그린 것을 실제로 만들어내는 기술도 상상력의 산물입니다. 상상은 미지(未知)의 것을 짐작하는 데에서 시작합니다. 알지 못하면 상상해야 합니다.

상상의 힘은 강합니다. 실제가 아닌 상상만으로 몸에 영향을 줍니다. 체온이나 혈압을 올리거나 내릴 수 있습니다. 상상의 힘을 의료기기에 접목시킨 치료가 '바이오피드백(되먹이기)'입니다. 근육 긴장성 두통 같은 정신신체질환 치료에 주로 활용합니다.

상상에는 순기능과 역기능이 있습니다. 도움이 되기도 안 되기도 한다는 뜻입니다. 과학, 예술 분야의 상상력은 긍정적인 기능을 합니다. 일상에서도 운전 중일 때 차 앞으로 뛰쳐나올 보이지 않는 사람을 상상해야 사고를 막을 수 있습니다. 물론 생기지도 않을 일을 지나치게 상상하기도 합니다. 상상의 부정적인 기능 때문에 쓸데없이 불안

네 번째 판

해집니다.

상상력 부족이 문제가 될까요? 그릇된 판단으로 이어지면 해를 입습니다. 가열된 그릇을 맨손으로 들다가 화상을 입고, 길을 맨발로 걷다가 못에 찔립니다. 인화물 옆에서 담배를 피우다가 불이 나고, 운전하면서 휴대전화를 보다가 앞차와 추돌합니다. '일어날 수 있는 일'을 상상했다면 이 모든 것을 예방했을 것입니다. 상상력은 생존에 필수적인 도구입니다.

깊이 파고들어 상상하면 그보다 더 큰 미래의 일도 예측할 수 있습니다. 미래의 위기를 상상의 힘으로 빠져나온다면 더 바랄 것이 없습니다. 반면에 상상력 빈곤으로 스스로 위기 속으로 걸어 들어가는 경우도 있습니다.

살다 보면 언젠가 위기가 닥치기 마련이니 피해를 줄이려면 상상력을 키워야 합니다. 선제적 대응은 모두 상상의 영역입니다. 막상 준비 없이 일이 벌어지면 당황해서 상상력이 위축되고 일은 더 꼬입니다.

망설임은 선제적 대응을 막습니다. 망설임은 상상력이 부족하다는 증거입니다. 망설임은 행동의 일관성을 무너뜨리고 자신이 이미 했던 말이나 행동을 부정합니다. 머뭇거리는 행위를 자료나 통계로 합리화하려 하지만 그것들은 상상의 자유를 방해할 뿐입니다.

사람을 세 범주로 나누면 1)미리 준비하는 사람, 2)일이 생기면 대처하는 사람, 3)일이 생겼지만 어쩔 줄 모르는 사람입니다. 망설임이 특기인 사람은 주로 3)번에 속합니다. 세 범주의 사람들 간에는 '상상력 등급'이 차이 납니다. 미리 준비하는 사람의 상상력은 최고 등급입니다. 윗사람으로서도 좋은 역할을 합니다.

상상력이 '결핍 등급'인 윗사람과 일하면 정말 힘듭니다. 그 사람은 보고 싶은 것만 보고 듣고 싶은 것만 듣습니다. 부분적 진실에 매달려 논리를 왜곡하고 자기주장이 앞뒤가 맞지 않아도 깨닫지 못합니다. 힘 있는 겉모습과 달리 위기가 닥치면 안에서부터 무너집니다. 그런 사람 옆은 상상력을 발휘해서 일찍 떠나야 합니다. 주저하다가 결국 나의 자존감, 사회적 위치, 정체성에 금이 갑니다.

상상력 결핍이 가져오는 가장 큰 위기는 정체성의 위기입니다. 정체성의 위기만큼 근원적인 위기가 있을까요? 살아남으려고 자신에게 위기가 닥친 이유를 남의 탓으로 돌립니다. 결과가 좋을까요? 잠시는 효과가 있을지 모르나 길게는 손해입니다. 사람 사는 세상에 비밀은 없습니다.

자화자찬과 같이 논란을 더 불러올 말로 벗어나려 한다면? 파장이 증폭됩니다. 예측 못 한 것입니다. 단타만 쳐도 뒤집는데 기왕이면 만루 홈런을 치겠다고 힘을 잔뜩 주고 휘두르다가, 삼진을 당해 역전할 기회를 망친 선수 꼴이 됩니다.

상상력 결핍증은 '전염병'입니다. 일사불란을 받드는 조직의 구성원은 상상력을 발휘하기가 어렵습니다. 쓸데없는 일을 했다고 따돌림을 당합니다. 이런 문화에서는 상투적인 이야기나 나열하면서 되도록 개인의 존재감을 감춰야 안전하고 편안합니다. 획기적인 의견을 내면 여러 사람이 비판을 위한 비판을 하며 나설 것입니다. 그런 조직은 시간이 가면 상상력을 억누른 값을 치르고 추락합니다.

질병 분류에 보면 ○○○ 결핍증을 선천성과 후천성으로 구분합니다. 상상력 결핍증에서도 가능할까요? 그렇다면 선천성, 후천성 각각의 원인은? 병리적 소견은 개인 발병과 집단 발병에서 어떻게 차이가 있을까요? "웬 엉뚱한 이야기?"라고 하지 말고 상상력을 발휘해 판단해보길 바랍니다.

어른들의 숨바꼭질

누구나 평생 고민합니다. 감출 것인가, 털어놓을 것인가. 진실을 말할 것인가, 거짓을 말할 것인가. 인생은 숨김과 노출, 거짓과 진실의 두 축을 돌고 도는 숨바꼭질입니다. 숨바꼭질은 들킨 아이가 술래가 되어 계속됩니다. 잊지 마세요. 항상 숨을 수는 없습니다.

숨바꼭질은 사라짐과 나타남, 이별과 상봉의 반복입니다. 같이 있지만 다른 데 있습니다. 나는 여기에, 남은 거기에. 팽팽한 긴장은 숨은 사람을 찾는 순간 풀어집니다. 숨바꼭질은 몸으로 애착, 불안, 공포, 갈등을 표현하는 것입니다.

어려서 하는 숨바꼭질은 들키려고 하는 것입니다. 들키지 않으면 아이는 실망합니다. 어른이 하는 숨바꼭질은 숨으려고 하는 것입니다. 들키면 절망합니다. 어려서는 들켜서 즐겁고, 커서는 안 들켜서 기쁩니다. 아이의 숨바꼭질은 관계를 잇는 놀이입니다. 어른이 하는 숨바꼭질의 목표는 이기는 것입니다. 들키면 관계가 끊어집니다.

네 번째 판

누구나 숨기면서 삽니다. 나를 지나치게 노출하면 생존이 흔들립니다. 숨김은 능력이자 부담입니다. 숨긴 게 들킬 것 같으면 마음을 쓰고 애를 태웁니다. 남이 찾지 못하면 기쁘고 만족스럽습니다. 잠시라도 한숨 돌릴 수 있으니 다행입니다. 영원히 숨길 수는 없습니다. 숨겼다는 것은 들키기 직전이라는 말입니다. 계속 감출 것인가, 아니면 털어놓을 것인가. 갈등합니다.

권력자의 비밀은 일상의 비밀과 본질이 다릅니다. 숨기는 사실 자체보다는 권력의 누수가 염려되어 숨깁니다. 전략적으로 정보를 독점해서 진실을 왜곡해 숨기고, 왜곡된 진실을 근거로 상대를 공격합니다. 블랙리스트는 숨어서 박해하려고 만드는 것입니다. 숨긴 것을 아는 사람이 자기편이 아니면 일단 배제하고 괴롭힙니다. 그러니 내부 고발자의 징벌은 아주 교묘하게 이루어집니다.

권력자의 답변은 능숙합니다. 날카로운 질문도 '구렁이 담 넘어가듯' 피합니다. 이유가 다 있습니다. 개인정보나 국익의 보호를 상투적으로 내세웁니다. 답답한 것은 숨긴 것을 밝히려는 사람도 진부한 틀에서 벗어나지 못한다는 점입니다. 언론 자유나 국민의 알 권리를 요령 없이 거론하다가 실속 없이 말잔치로 끝냅니다.

숨고 밝히는 게임에서 남의 잘못은 속속들이 뒤져내고 내 잘못은

꼭꼭 감추면 대성공입니다. 속속들이 들춰내기는 어렵습니다. 너무 힘들어서 그냥 방관하고 싶은 마음도 들기 때문입니다. 비밀이 밝혀지면 숨겼던 사람의 마음은 복잡해집니다. 비난과 공격에 일일이 반응하고 싶기도 하고, 무시하거나 부정하면서 시간을 보내고 싶은 마음도 듭니다.

인생은 숨기고 찾고 알아내고 나누는 게임입니다. 숨기면 누구는 보호받고 누구는 다칩니다. 숨기면 누구는 자유롭고 누구는 구속됩니다. 숨기면 '우리'는 평안하고 '그들'은 괴롭습니다. 숨기면 우리는 뭉칠 것이고 그들은 흩어집니다. 숨기면 우리는 이용하고 그들은 당합니다.

조금 들켜도 침묵, 변명, 물타기, 발뺌으로 다 해결됩니다. 형식적인 사과도 약효가 있습니다. 힘이 있으면 상대의 주장을 무작스럽게 일축해도 됩니다. 정 숨길 수 없으면 설명을 하되 알기 힘들게 하면 됩니다. 이런 식으로 나오면 상대의 '아킬레스건'을 찾아야 위선의 껍질을 벗길 수 있습니다. 숨기려는 심리의 작동법을 공부해서 단서를 찾아야 합니다.

거짓말이 단서입니다. 숨기려면 반드시 거짓말을 해야 합니다. 진실은 직선이고 거짓은 곡선입니다. 진실을 우회하려면 휘어 있어야 하니 거짓말은 장황합니다. 진실은 열려 있고 거짓은 닫혀 있습니다. 거짓말은 두려움에서 비롯됩니다. 직선적 관계, 열린 관계를 맺으면 들킬 것 같은 두려움입니다. 거짓말은 직선 도로를 가는 척하다가 핸들을 과격하게 꺾는 일탈입니다.

거짓말은 남이 모르는 것을 안다는 만족감을 줍니다. 상대를 속여서 상황을 마음대로 주무른다는 환상도 즐길 만합니다. 거짓말은 나를 보호하기 위한 자기보존형과 상대를 공격하고 지배하려는 가학형으로 나눕니다. 자기보존형은 생존과 희망을 추구합니다. 자신을 거짓으로 포장해서 관심, 사랑, 존경을 얻으려 합니다. 가학형은 상대를 통제하고 모욕하려고 합니다.

숨김을 거짓말로 가릴 수 있습니다. 말은 말이니 문제가 생기면 바꾸면 그만입니다. 그러나 그렇게 하다가 또 다른 거짓말이 나오면 숨겼다는 사실이 확인됩니다. 꼬리가 길면 잡힙니다.

아이에게 말할 때, 남에게 상처를 주지 않으려고, 선한 의도로 진실을 숨기는 일은 흔히 있습니다. 부도덕한 의도로 숨기기도 합니다. 내가 기회를 숨기면 남의 기회가 없어집니다. 내가 방법을 숨기면 남이 실수합니다. 내가 가능성을 숨기면 남이 잘못된 선택을 합니다.

좋든 싫든 남을 속이는 능력은 생존에 중요합니다. 동물의 위장술도 그러하고 전장에서는 속이지 않으면 쉽게 죽습니다. 숨긴 것을 뒤지려고 거짓말을 하기도 합니다. 진실은 하나, 거짓은 여러 모습입니다.

거짓말도 말이어서 감추려고 하면서 동시에 소통하려 합니다. 예를 들어 학력이나 경력에 열등감이 있어서 누군가가 거짓말을 했다고 칩시다. 남을 속이려는 의도가 물론 있지만 '학력 거짓말'이나 '경력 거짓말'은 남들이 나를 그렇게 믿으며 인정해주기를 바라는, '잃어버린 소망'을 소통한 것이기도 합니다.

인생이라는 숨바꼭질에서 성공과 실패를 예측할 수는 없습니다. 결과를 예측할 수 없다면 과정에 집중해야 합니다. 불안을 극복하고 희망을 향해 조금씩 정직하게 노력한다면 밝은 미래가 기다릴 것입니다. 거짓으로 나와 남을 속인다면 임시변통에 힘을 소진하고 헛되이 지쳐서 멀리 가기는 어려울 것입니다.

분노의 에너지를 잘 활용하자

삶은 즐거움이자 고통입니다. 삶의 양면성을 외면하면 살기가 더 힘듭니다. 고통스러운 상처는 스스로 입기도 하지만 주로 남에게 받습니다.

남보다 내가 더 중요하다는 생각이 우리가 사는 사회에서 점점 늘어나고 있습니다. 그런 생각을 자기애라고 부릅니다. 자기애가 지나치면 남을 공감하는 능력이 떨어집니다.

서로에게 공감 능력이 떨어진 나와 남이 모이면 무슨 일이 벌어질까요? 나는 남이, 남은 내가 상처를 준다고 느끼며 관계가 흔들립니다. 누가 누구에게 무슨 짓을 했는지 객관적인 사실은 중요하지 않습니다. 자기애를 사소하게 건드리는 자극에도 분노는 거칠게 터져 나옵니다.

가까운 사이면 좀 덜할까요? 자주 얼굴을 보는 가족, 동료 사이에도 예외가 아닙니다. 오히려 평소 기대치가 높아서 "당신이 어떻게 나

한테 그럴 수가 있어요!" 식으로 섭섭한 마음이 분노와 겹치면서 폭발합니다.

상상만으로도 마음은 상처를 입습니다. 사람들은 쉽게 말합니다. 상처받은 내가 상처 입힌 사람을 용서하고 화해하면 좋겠다고. 종교도 용서와 화해를 강조합니다. 상처받은 내 마음은 반발합니다. 왜 그 사람을 용서하고 화해해야 하나요? 상처받은 일을 잊으라는 것인데 절대로 잊을 수 없습니다. '화해(reconciliation)'에는 '복종' '체념'이란 뜻도 있습니다. 받아들일 수 없습니다. 받은 만큼 돌려주고 싶습니다. 방법을 찾습니다.

상대가 진정 뉘우치고 사과한다면? 용서와 화해를 생각해보겠습니다. 그런데 그 사람이 억지로 뱉어내는 '사과의 말'과 보이는 행동에 내가 겪은 고통을 공감한 흔적이 전혀 안 보입니다. 변명을 앞세우는 면피용입니다. "피해를 주었다면 죄송하게 생각합니다"라고 조건부터 앞세워 말을 꺼냈으니 '진정성 있는 회개'와는 딴 세계의 말장난입니다. 아직도 내가 겪고 있는 고통을 전혀 이해하지 못하는 겁니다.

용서와 화해? 정말 멋있는 말입니다. 남이 당한 일에는 나도 그렇게 말할 수 있을 겁니다. 내가 당하면 완전히 다른 이야기입니다.

피해자가 있으면 가해자가 있습니다. 심리적으로 가해자는 갑이고

네 번째 판

피해자는 을입니다. 을은 갑에게 보복하고 싶지만 힘이 약합니다. 수직 관계의 밑에 있는 한, 보복과 복수는 물 건너간 일입니다. 시간, 비용, 정신적 부담, 사회적 압력을 무릅쓰고 가해자의 처벌에 성공했다고 칩시다. 진정 후회하고 회개하지 않는 한 심리적 처벌은 또 다른 일입니다. 허망합니다.

가해자에 대한 보복에 매달리는 매 순간 내 삶은 그만큼 사라져갑니다. 보복은 양날의 칼입니다. 어디를 잡아도 내게 상처를 남깁니다. 그러나 알면서도 멈출 수 없습니다. 시간이 흐르면서 뭔가 잘못되어 간다는 막연한 불안감이 들어도 무력감을 떨치려고 계속 매달립니다. 어쩔 수 없이 지쳐갑니다. 지금이라도 포기해야 할까요? 너무 멀리 왔습니다.

오늘도 그만 용서하고 화해하고 내 인생을 되찾아야 한다는 말을 듣습니다. 누구도 용서와 화해를 내게 강요할 수 없습니다. 보복을 접을 것을 내게 압박할 수 없습니다. 그런 말을 들을수록 왜 이렇게 불안하고 허탈한 느낌이 들까요? 내 삶은 이미 내 것이 아닙니다.

방법은 하나입니다. 피해자가 삶을 다시 찾기 위해서는 자신의 위치를 상향 조정해야 합니다. 판을 바꿔서 을에서 갑의 위치로 자신을 올려야 가해자를 갑에서 을의 위치로 내려놓을 수 있습니다. 노력과 인내와 몰입이 필요한 일입니다. 관계를 다시 세우면 변화가 가능합니다.

분노, 우울, 절망, 무력감의 어두운 터널을 지나 밝은 세상으로 나오려면 시간이 걸립니다. 말로 애매하게 포장된 후회와 회개는 거짓이니 속지 않아야 합니다. 그것에 현혹되어 보낼 시간에 관계를 새로 세워야 합니다.

변화를 위해서는 분노가 점령한 마음에서 한 걸음 물러나서, 거리를 두고, 내가 놓인 현실을 객관적으로 보아야 합니다. 분노에 쓰는 에너지를 줄이면 싸울 힘이 늘어납니다. 판단력을 흐리게 하는 분노가 진정되면 냉철한 추진력이 생깁니다. 추진력이 생기면 입장이 정리되고, 입장이 정리되면 현실적인 방안을 찾아낼 수 있습니다.

네 번째 판

서술적 진실과 개인사적 진실

사람은 누구나 '작가'입니다. 책으로 내지는 않아도 내 삶의 이야기를 매일 써나가고 각색합니다. 아무리 솔직한 사람도 대개는 유리한 쪽으로 고쳐 씁니다. 각색했으니 진실이 아닌가요? 논란의 여지가 있어서 '서술적 진실'이라고 부릅니다.

인터뷰 기사나 방송을 즐깁니다. 주인공이 하는 말은 서술적 진실입니다. 자서전이나 전기의 내용도 그러합니다. 진실을 다투는 법정에서 오가는 말도 다 그렇습니다. 서술적 진실은 자신의 삶을 소망과 감정을 섞어 해석한 결과물입니다. 마음의 지시에 따른 것입니다.

서술적 진실의 맞은편에 '개인사적 진실'이 있습니다. 개인사적 진실은 실제 일어난 일을 말합니다. 서술적 진실과 개인사적 진실은 겹치기도 하지만 상당히 다릅니다. 두 진실은 갈등 관계여서 충돌합니다. 왕조 시대 임금과 사관의 관계와 비슷합니다. 업적을 남기려고 서술적 진실을 주장하는 임금에 반해, 사관은 몸소 보고 들은 개인사적 진실을 기록하려 합니다.

서술적 진실과 개인사적 진실 중에서 어느 것이 진실에 가까울까요? 정신분석에서는 '진실은 알기 어렵다'라고 전제합니다. 개인사적 진실조차 피분석자의 왜곡된 기억에서 나오는 것이기 때문입니다.

분석가는 사실과 사실 아닌 것을 구분하고 판단하고 처벌하는 '마음의 법관'이 아닙니다. 분석의 목적이 진실 여부의 판정도 아닙니다. 분석가는 피분석자의 이야기를 진실 자체로 받아들여 다룹니다. '내적 진실'이 외부적 진실과 같아야 할 이유는 없습니다. 진실은 피분석자 스스로 살아가면서 감당할 몫입니다. 분석가는 옳고 그름을 떠나 서술적 진실과 개인사적 진실 사이에 벌어진 틈을 피분석자가 좁히도록 도울 뿐입니다.

분석 초기에 피분석자가 서술하는 아버지는 모질고 혹독하고 가혹해서, 미워해도 마땅한 사람입니다. 묻어놓았던 기억이 돌아오면서 새로 보게 된 아버지는 눈비를 맞으면서 일해서 가족을 먹이고 입히고 등록금을 댄 사람입니다. 서술적 진실과 개인사적 진실 사이의 틈이 좁혀진 것입니다. 오랜 세월 자신을 사로잡고 있던 아버지와의 갈등을 풀고 피분석자는 마음의 에너지를 생산적으로 쓰며 살아갈 수 있게 되었습니다.

서술적 진실과 개인사적 진실을 통합하는 길은 늘 저항과 방어가 막습니다. 피분석자의 마음 한구석은 가려져 있는 진실을 찾으려 하지만 다른 구석은 진실이 밝혀질 것을 염려합니다. 이 사이에서 슬기롭게 헤쳐 나가야 합니다.

삶의 '진실'을 이야기하는 자리에서는 전이와 역전이가 서로 주고받는 판이 벌어집니다. 전이의 영향으로 피분석자는 분석가를 멀고도 가까운 사람으로 느낍니다. 분석가 역시 역전이의 영향을 받아 피분석자를 가깝고도 멀게 느낍니다. 두 사람 사이에 좋아하는 감정과 싫어하는 감정이 교차합니다.

긍정적이든 부정적이든 전이와 역전이 모두 잘 헤쳐 나가야 합니다. 분석은 제대로 진행하면서 거리도 잘 지켜야 합니다. 친밀한 감정을 숨기려고 애쓰는 일, 소원해진 감정을 드러내지 않으려는 노력은 부담이면서 분석 대상입니다. 이때 분석가의 평정심이 특히 중요합니다. 부정적인 역전이 상태에서도 피분석자의 말을 중립적이고 포용적으로 들어야 하니 힘듭니다.

서술적 진실과 개인사적 진실 사이에서 '기억'이 중요한 역할을 합니다. 기억의 특성은 변덕입니다. 기억하는 것이 꼭 전부도 아니고 늘맞는 것도 아닙니다. 보고 싶은 것만 보고 듣고 싶은 것만 들어서 저장한 것 중에서 떠올리고 싶은 것만 돌이켜 생각해내기 때문입니다. 한 술 더 떠서 기억이 이기심, 탐욕, 자기 방어로 왜곡된다면 더 말할 것도 없습니다.

같은 사건에 대한 기억이 얼마나 다른지는 베니스 영화제 황금사자상을 받은 일본 영화 〈라쇼몽〉을 보면 잘 나타납니다. 등장인물들(산적, 무사, 무사의 부인, 나무꾼)이 자기 방어를 위해 풀어내는 서로 다른 말에 관객은 혼돈에 빠집니다. 기억의 왜곡은 의식적인 거짓말과는 달리 자신도 까맣게 모르는, 무의식의 수준에서 주로 일어납니다.

'다이내믹 코리아'라는 말을 한때 썼습니다. '활력 있는'이라는 뜻이지만 '끊임없이 옮겨 다니는'이라는 의미도 있습니다. 다이내믹 코리아에서는 어제의 진실이 오늘의 거짓이 되고 어제의 거짓이 오늘의 진실이 되기도 합니다. 권력 다툼은 늘 '진실 다툼'으로 포장됩니다. 큰 목소리로 외치는 '과거 청산'이 실제로 성공하기 어려운 이유는 지난 세월을 둘러싼 진실 공방을 보는 시점이 과거와 현재로 서로 다르기 때문입니다.

진실은 복합적이며 양파와 같이 다층적입니다. 그러니 과거에 일어난 일은 잘못을 묻고 청산하려고 해도 본질적으로 복잡합니다. 명분을 강하게 내세우면 거부하기는 어렵습니다. 그러나 타당한 명분일수록 깊이 있게 살피는 여유와 지혜가 필요합니다. 확신으로 시작한 일이 부메랑처럼 돌아와 맹신이라는 부작용으로 모습을 바꾸기도 합니다.

누구나 자신이 기억하고 서술하는 바를 진실이라고 믿습니다. 그 믿음에 따라 판단하고 행동합니다. 기억이 얼마나 취약한 기능인지는 이미 밝혀진 바 있습니다. 분석가의 입장에서 보면 확신이나 맹신이 아닌 합리적인 의심이 더 바람직해 보입니다.

화려한 거짓말의 가면을 벗기려면

사람들에게 진실과 거짓 중에 어느 쪽을 추구하는지를 물으면 대다수가 진실이라고 답할 것입니다. 그럼에도 불구하고 거짓말의 역사는 길고, 거짓말이 인간 본성의 일부라는 주장도 있습니다. 프로이트의 말을 들어도 사람은 욕망이 충족되면 진실은 얼마든지 외면하는 존재입니다.

거짓말은 속이려는 의도에서 출발합니다. 듣는 사람을 엉뚱한 곳으로 이끌려는 것입니다. 태도가 진실해도 하는 말이 늘 진실은 아닙니다. 거짓말의 모습은 정말 다양합니다.

피해를 안 주면 거짓말을 해도 되나요? 선의의 거짓말도 본질은 거짓입니다. 좋은 의도의 거짓말이 비극으로 이어지기도 합니다. 그러니 거짓말을 함부로 하면 안 됩니다. 진실을 들을 자격이 상대에게 없다고 하면서 적대적인 사람에게 거짓말을 한다면? 이 역시 거짓말은 거짓말입니다. 물론 정치·외교의 세계에서는 '큰 뜻'을 내세우는 전략

네 번째 판

적인 거짓말이 돌아다닙니다.

거짓말은 논란과 혼돈의 영역에 삽니다. 정체를 알아채기도, 대처하기도 어렵습니다. 주의 깊게 잘 살피면 조금 보일 수도 있습니다. 첫째, 거짓말 '선수'는 약간의 옳은 이야기를 거짓말에 고명처럼 얹습니다. 그 이야기에 혹하면 넘어갑니다. 왜 그 시점에 그 이야기를 꺼내는지, 숨은 의도를 찾는 데 집중해야 합니다. 둘째, 세련된 거짓말일수록 정당성을 갖춘 듯한 겉모습을 과시합니다. 비판적 사고가 부족하면 설득당합니다. '정당성'의 근거를 확인해야 합니다. 셋째, 진실을 알고도 침묵을 지킨다면? 숨기려고 침묵한 것이니 거짓말한 것과 같습니다. 연속 질문으로 압박해서 숨김없이 말하도록 해야 합니다. 넷째, 질문을 던져도 답하지 않고 오히려 내게 질문을 던진다면? 그런 방어 술책을 예측하고 대비해야 합니다. 예를 들어 "내 질문에 대답하기가 거북하신 것 같네요"라고 상황을 설명하고 반응을 봅니다.

다섯째, 어려운 전문용어를 써서 거짓말을 가린다면? 전문용어를 못 알아듣는다고 부끄러워할 일이 전혀 아닙니다. 무슨 말인지 이해가 안 된다고 인정하면서 무슨 뜻으로 썼는지를 묻고, 답변이 신통치 않으면 되물어야 합니다. 확인하려는 태도는 거짓말의 천적입니다.

다수가 입을 모으는 거짓말도 있습니다. 소속 집단을 지키려는 '합동 작전'입니다. 이런 '시스템 거짓말'은 화려합니다. 첫째, 통이 크고, 직설적이고, 되풀이됩니다. 둘째, 자기들끼리는 거짓말인 줄 압니다. 셋째, 확신에 찬 주장을 합니다. 거짓말인 줄 아는 자기와 진실이라고 굳게 믿어버리는 자기를 서로 나누는, '분리'라는 방어기제를 쓰고 있으므로 갈등이 없어서 뻔뻔하게 나옵니다. 넷째, 거짓말도 고귀한(?) 사회적 목적이 있으면 정당화된다고 믿습니다. 예를 들어 '사회정의 바로잡기'가 목적이라면 수단과 방법을 가리지 않아도 된다고 생각합니다. 다섯째, 거짓말로 지키려던 가치가 논란이 되면 통상적인 관례에서 벗어나지 않는다며 주장을 굽히지 않습니다. 변명으로 법이 개입하는 것을 피하려 합니다.

조직 차원의 거짓말은 집요하고 강력합니다. 자신들에게 유리한 근거를 만들어 적극적으로 내놓습니다. 그러니 설득력이 있다고 반드시 진실은 아닙니다. 시스템 거짓말은 상식, 윤리, 법 사이에서 교묘하게 줄타기를 즐깁니다.

개인의 거짓말과 달리 시스템 거짓말은 체계적으로 분석하지 않으면 진실처럼 보입니다. 여러 사람이 공개적으로 판을 키워서 일관성 있게 말하고, 호의적인 언론을 활용하면서 나름의 정당성을 반복해서 주장하기 때문입니다. 직장에서 내게 하는 거짓말은 회사 규정에 따른다는 논리에 가려져 반박이 어렵습니다. 소비자에게 기업이 하는 거짓말도 전문성을 갖추고 있어서 교묘합니다. 종교 공동체가 하는 거짓말은 신성한 명분으로 가득 차 있어 사람으로서 부정하기 어렵습니다. 이 모든 것에서 거짓말인지를 파악하고 대처하려면 거짓말의 증상을 알아야 합니다. 의사가 증상에 기반을 두고 병을 진단하는 과정과 비슷합니다.

시스템 거짓말은 언어적으로 치밀하게 짜여 있습니다. 역설적으로 언어가 아닌 거짓말하는 사람의 몸을 우선적으로 관찰해야 합니다. 표정 전반, 입이나 눈 가리기, 몸짓의 변화, 몸의 경직 정도를 보아야 합니다. 말은 내용 평가는 물론이고 말투, 속도, 갑작스러운 침묵, 애매함, 얼버무리기, 사소한 것 나열, 논점 흐리기도 관찰의 대상입니다. 용한 의사가 사소한 증상을 놓치지 않듯이, 거짓말에 대응하려면 사소한 증상도 놓치지 말고 예리하게 분석해야 합니다.

거짓말은 모두 나쁜 것일까요? 거짓말이라고 긍정적인 측면이 전혀 없는 것은 아닙니다. 위기 상황을 피하는 데 도움이 됩니다. 하지만 지나치거나 반복되면 스스로 함정에 빠집니다. 말재주가 뛰어날수록 자신의 말에 취해 그렇게 됩니다. 스스로 속을 정도의 거짓말은 깔끔하고 완벽하고 허점이 보이지 않아야 합니다. 그렇지만 허점이 있어도 눈 감으면 되니 큰 문제는 아닙니다. 오해는 마십시오. 냉소적으로 뱉은 이야기입니다.

거짓말은 기본적으로 방어입니다. 무엇을 방어할까요? 욕망에 대한 공격, 정체성에 대한 위협, 책임질 위기, 어려운 처지, 죄책감, 수치심에서 자신을 지키려는 노력입니다.

우리 문화에서 거짓말 알아채기가 더 힘들다는 생각을 할 때가 있습니다. 거짓말에 대한 허용치도 상대적으로 높은 편입니다. 이유를 생각해보면, 서양은 죄책감 문화이고 동양은 수치심 문화여서 거짓말이 큰 죄가 아니라고 생각하는 듯합니다. 들켜서 수치심을 느끼지 않는다면 거짓말도 괜찮다고 생각한다는 말입니다.

또한 우리 사회는 서구에 비해 개인보다 집단을 중요하게 여깁니다. 집단의 가치를 지키려고 집단이 주도하는 시스템 거짓말은 개인이 하는 거짓말보다 대응하기 힘듭니다. 거짓말하던 개인이 막다른 골목에 몰려서 탄로가 날 위기가 닥치면, 거짓말을 행사하는 주체는 그 사람이 속한 집단으로 옮겨 갑니다. 공동 작업으로 실체가 바뀌면 거짓말은 짜임새 있는 조직을 갖춥니다. 집단을 보호한다는 정당성이 부여되면서 반복됩니다. 집단 안에 있으면 보호받고 밖으로 나가면 박해받을 것을 알기에, 어떤 개인도 거짓말인 것을 알아도 자신이 속하는 해당 집단에 충성을 다하게 됩니다. 이런 집단을 벗어나 바른말을 한다는 것에는 대단한 용기가 필요합니다.

집 짓기에서 얻은 교훈

사람은 왜 사는가? 고상한 철학적 대답을 얻자는 것이 아닙니다. 삶은 의식주부터 해결되어야 합니다. 옷은 의사 가운을 입고 반평생을 살았으니 안목이 없습니다. 음식에 대해 『프로이트 레시피』라는 제목으로 책을 쓰기는 했으나 밥이나 겨우 짓는 수준입니다.

집은? 고민 끝에 오래 살 작정을 하고 정년퇴직을 하면서 연구소를 지었습니다. 책과 서류로 둘러싸여 혼자 써도 좁았던 연구실을 떠나 '연구원(공부를 가꾸는 뜰)'이라 혼자 부르는 넓은 공간이 생겼습니다. 공간을 확장하고 시간을 벌었으니 감사할 뿐입니다. 공간과 시간은 창의성의 출발점이자 놀이터입니다.

집 짓기는 이제 여러 사람의 관심사입니다. 텔레비전에도 자주 소개됩니다. 협소 주택은 젊은 층의 관심을 끌고 있습니다. 퇴직을 준비 중인 분들도 집 짓기에 관심이 큽니다.

집 짓기는 집터 구입, 설계, 시공의 과정을 거칩니다. 배우자를 골라

결혼하고, 출산 계획을 세우고, 아이를 낳아 키우며 사는 일에 비유할 수 있습니다. 시작은 땅의 확보입니다. 제대로 짓는 것이 가능한 곳인지, 깊게 파면 물은 안 나오는지, 지반이 튼튼해서 무너지지는 않을지 따져야 합니다.

땅이 생기면 설계를 맡아줄 건축가를 찾아야 합니다. 집이 인생이라면 인생 설계를 도와줄 전문가를 선택하는 것입니다. 건축주와 건축가는 머리를 맞대고 집의 구조와 기능을 의논합니다. 의견이 섞여서 늘 분분합니다. 확정된 설계 도면은 처음 만난, 내 아기와 같습니다.

건축주와 건축가의 뜻이 맞고 소통이 자유로워야 좋은 설계가 나옵니다. 어느 쪽이든 고집이 세면 난관이 닥칩니다. 건축가의 권위가 절대적으로 작용했던 시절도 있었습니다. 그 시절에는 안목 있는 건축주가 드물었습니다. 이제는 판이 바뀌었습니다. 치밀한 건축주는 오래, 세밀하게 준비합니다. 해외까지 보고 다니며 공부하는 사람도 있습니다. 그렇게까지 안 해도 책은 물론이고 인터넷에서 얼마든지 좋은 건축물들을 접할 수 있습니다. 혼자의 힘으로 직접 집을 설계하고 짓는 사람도 생겼습니다. 건축주와 건축가의 관계는 이제 일방에서 쌍방으로, 수용에서 협업으로 변했습니다. 새로운 관계가 필요하지만 관행은 쉽게 바뀌지 않습니다. 마음이 안 맞으면 갈등이 생깁니다.

좋은 집을 지으려면 건축가와 건축주가 열린 마음으로 함께 일해야 합니다. 건축가는 전문가이고 건축주는 비록 전문성은 떨어져도 그 집에 살 사람입니다. 협업만이 모두 만족하는 결과로 가는 길입니다.

설계 과정을 거치면서 건축주는 건축에 관해 초보적인 지식을 습득합니다. 설계 도면은 외국어 교본처럼 애를 쓰면 어느 정도 읽힙니다. 그러나 도면은 효율적인 소통 수단이 아닙니다. 소통은 질문과 답변으로 하는 겁니다. 머리가 쥐가 날 정도로 생각하고 모르는 것은 건축가에게 물어야 합니다. 도면 자체가 아닌, 도면을 말로 풀어낸 답변을 얻어야 합니다.

문제는 건축가를 자주 만나기가 어렵다는 점입니다. 유명할수록 그렇습니다. 건축주에게는 하나뿐인 프로젝트이지만 건축가에게는 프로젝트 중 하나일 뿐입니다. 결정적인 차이점입니다. 자세한 설명을 듣고 싶어도 도면에 다 있다는 답변이 돌아오면 건축주는 좌절, 불안, 우울을 겪습니다.

설계의 목표는 제대로 된 시공입니다. 완벽한 설계도 시공이 엉망이면 좋은 집 짓기는 물 건너갑니다. 도면은 그림이고 그림이 집이 되는 일은 시공 현장이 합니다. '집 짓다가 죽는다'에서 '집 한 채 지으면 10년 늙는다'로 바뀐 것은 다행이지만 시공은 그만큼 엄청난 도전입

네 번째 판

니다. 시공사 선정이 관건입니다. 건축주가 알아서 할 수 있지만, 일반적으로 건축가의 추천을 받고, 견적을 자세히 비교 검토하고, 만나보고 따져보고 결론을 냅니다.

시공사에서 건축주에게 "끝나면 들어와서 사시면 됩니다!"라고 했던 시절도 있었습니다. 당연히 이제는 달라야 합니다. 시공사 선정은 집 짓기에 삼각관계가 생겼다는 뜻입니다. 삼각관계는 늘 관리가 어렵습니다. 건축비를 대는 건축주, 설계자이며 감리자인 건축가, 비용을 받아서 집을 짓는 시공사의 삼각관계가 준공 때까지 바쁘게 돌아갑니다. 처음부터 끝까지 서로 입장들이 달라서 준공 전까지 갈등은 늘 잠복해 있다가 모습을 드러냅니다. 건축주는 돈을 아껴야 합니다. 건축가는 설계에 충실한 시공을 원합니다. 시공사는 수입과 지출 사이에서 생각이 많습니다.

갈등을 예방하거나 해소하려면 소통이 원활해야 합니다. 감정 다툼이 아닌, '좋은 집 짓는 작업 자체'에 초점을 두어야 합니다. 건축주는 설계 철학에 대한 건축가의 심정을 이해해야 합니다. 건축가는 건축주가 하는 실용적인 생각을 배려해야 합니다. 시공사는 집을 튼튼하게 지으면서 준공 후에는 건축주가 1차 책임을 지고 방수, 방음, 화재 예방, 환기, 전기, 냉난방, 상하수도, 주차를 관리해야 한다는 사실을 고려해 시공해야 합니다. 건축주는 시공사가 안전하고 편안하게 시공할 수 있도록 도와야 합니다. 문제가 있으면 합리적인 타협점을 찾으려고 노력해야 합니다. 갈등 상황이 시스템에 주는 부담을 최소화해야 합니다.

집이 올라가고 그림이 아닌 실제 공간이 눈앞에 서서히 펼쳐지면 건축주의 마음은 청소년과 비슷하게 변합니다. 유아기, 소아기의 특징인 의존적 태도를 정리하면서 자기주장이 늘어납니다. 최종 설계 도면이 최종이 아닌 것이 되고, 빼고 넣을 것이 생깁니다. 현실적인 이유가 있는 설계 변경은 건축가도 수용해야 합니다. 비현실적인 것은 논의와 설득이 필요합니다. 이 과정을 잘 거쳐야 건축주가 한 단계 성장하고 집도 좋아집니다.

사람 사는 세상에서 갈등은 불가피합니다. 대체로 건축가는 전문성을 앞세워 익숙한 길을 가려고 합니다. 건축주는 몰라서, 또는 부분적으로 너무 앞서가서 새로운 것을 도입하려 합니다. 예를 들면 지하공간의 '라돈가스 절감 장치'나 하수시설의 '역류방지 장치' 같은 겁니다. 시공사는 이익을 최대화하려고 때로는 협조를 꺼립니다.

가끔 난감한 상황이 생깁니다. 갈등이 드러나고 해결 방법이 좀처럼 마련되지 않습니다. 난감해도 노력을 멈추지 않아야 합니다. 관계

네 번째 판

는 존중이 기본입니다. 누가 일을 하든지 존중해야 합니다. 나이 어리다고 함부로 대하지 않습니다. 한 번 보고 끝날 관계로 생각하지 않는 태도가 중요합니다. 집이 올라가면 건축주도 성장합니다. 집이 다 지어지면 새로운 공간에서 새로운 삶을 살아갈 일만 남습니다.

확신의 늪에서 빠져나오려면

: 초자아 다루기

비합리적이라는 시선을 피하려고
주관은 늘 객관처럼 보이려 합니다.
위장술이 너무 뛰어나서 쉽게 속입니다.
합리적으로 보이는 확신조차도 검증해보아야 합니다.

듣기와 읽기의 홍수에서 살아남기

수십 년 전에는 형편없었습니다. 장마철이면 큰길 작은 길이 모두 오물이 뒤섞인 흙탕물로 넘쳐 무릎까지 잠겼습니다. 뚫고 걸어서 학교에 갔습니다. 하수도 시설이 잘 갖추어진 지금 그런 경험은 드뭅니다.

이제는 인간이 만들어낸 말과 글의 흙탕물이 문제입니다. 신문, 방송, 인터넷, 휴대전화에서 나온 것들이 나의 시각과 청각을 계속 적십니다. '디지털 흙탕물'이 튑니다.

피하고 싶지만 뒤섞여 있습니다. 정수처리된 깨끗한 것, 금방 보기에도 혼탁한 것, 깨끗해 보이지만 더러운 것이 서로 구분이 어렵습니다. 내 마음이 '정수 기능'과 '하수 처리 기능'을 갖추고 있다면 해결할 수 있지 않을까요? 생각해봐도 비판적으로 듣고 읽고 보는 법을 배운 기억이 없습니다. 논리적 사고법을 배운 적도 없습니다.

현대인의 생존에 듣고 읽는 능력은 아주 중요합니다. 과거에는 평생 읽고 들어야 할 총량이 미미했습니다. 기껏해야 대백과사전 전집

정도가 거실을 장식했습니다. 신문, 방송이 전달하는 정보의 양도 적었습니다. 지금은 디지털 세상입니다. 휴대용 장치에 웬만한 서재 전체에 있을 분량의 책이 들어갑니다. 가정용 텔레비전 채널이 수백 개에 달합니다. 인터넷으로 전 세계의 신문을 읽고 방송을 청취합니다. 공간과 시간의 제한 없이 집에 앉아서 정보의 홍수 속을 헤엄칠 수 있습니다.

이렇게 판이 크게 바뀌었습니다. 문제는 말과 글의 홍수에 대처하지 못하면 '가짜 뉴스'의 희생자가 될 가능성이 아주 높다는 점입니다. 그렇게 되면 어리석은 공범이 되어 남의 인생을 대리운전 합니다. 나쁜 균에 옮지 않으려고 손을 씻고, 마스크를 하고, 사회적 거리 두기를 하는 것처럼 말과 글의 오염을 피해서 마음을 지키려면 전략이 필요합니다.

첫째, 단순히 정보를 얻으려고 정보를 대하면 안 됩니다. 듣고 읽는 일은 한 방향이 아닌 양방향으로 작용합니다. 내가 듣는 말이 나를 거치면서 달리 들립니다. 내가 읽는 글이 나를 거치면서 달리 읽힙니다. 듣고 읽는 내가 말과 글에 의해 변합니다. 그러니 정보 제공자의 의도를 알아내야 듣기와 읽기를 잘 할 수 있습니다.

둘째, 누구의 말이든지 글이든지 무조건 수용하기보다는 그들이 놓친 것이, 모르고 있는 것이 무엇인지도 비판적 시각으로 생각해야 합니다. 영향만 받고 끝난다면 내 목소리는 담기지 않습니다. 내 생각의 불꽃이 마음에 점화되고 내가 만든 흔적이 남아야 합니다. 들은 말과 읽은 글은 부싯돌일 뿐입니다. 나머지 일은 내가 하는 것입니다.

셋째, 내용은 물론이고 표현되는 형식도 살펴야 합니다. 인정하는 듯하다가 현란한 표현으로 빠져나간다면 결과적으로 인정하지 않은 것입니다. 이상한 논리로 논란의 타당성을 희석하는 경우도 흔합니다. 어떤 식으로 말을 하고 어떤 맥락으로 글을 썼는지를 보아야 진실에 접근할 수 있습니다. 말투를 살피거나 말실수를 잡아내면 도움이 됩니다. 몸짓에서 의도를 읽을 수도 있습니다.

넷째, '전문가'의 말이라고 반드시 진리는 아닙니다. 그 사람의 성장, 교육, 직업 배경, 정치적 성향을 알아야 합니다. 평소 누구와 어울리는지도 알면 판단에 도움이 됩니다. 정치적 성향이나 속마음을 숨기고 내놓는 시사평론은 교묘합니다. 편파적이 아니라 균형 있게 들리거나 읽힌다면? 그 역시 진실을 왜곡하지 않았다는 보장은 없습니다.

말이나 글은 사적 경험에서 벗어날 수 없습니다. 비교적 자유롭게 공정하게 말하거나 쓰기도 어렵습니다. 전문가가 뱉어내는 '전문적 관점'은 견고할지 몰라도 개방성은 부족합니다. '전문(專門)'은 '오직 그 분야만 연구'하는 것이니 문이 닫혀 있다는 의미입니다. 때로는 보통 사람의 상식적인 판단이 훨씬 더 진실에 가깝습니다.

전문가의 이름표를 달고 있어도 꾸준히 변화하려고 노력하지 않으면 전문가가 아닙니다. 자기 성찰도 없이 여기저기 나타나 말과 글을 남기는 사람은 또 들어봐도 늘 하는 이야기입니다. 생각이 굳어진 전문가는 전문가인 척하는 사람일 뿐입니다. 진짜라면 굳게 믿어온 바도 때로는 잊고 버리고 새로운 관점을 택할 수 있어야 합니다. 굳어버린 '신념'과 '확신'은 멋모르고 믿고 따르는 사람들에게 행사하는 폭력입니다.

다섯째, 남에게 속으면 화가 치밀어 오릅니다. 글과 말에 속아서 이용당한다면 덜할까요? 마음에 충격을 덜 받을까요? 합리적인 의심과 의문은 편집증이 아니고 현대의 복잡성을 헤쳐 나가는 지혜입니다. 너무 얽혀 있어서 판단이 어려울 때는 단순함에 기대야합니다. 거기에 진실의 뿌리가 자리 잡고 있습니다.

가짜 뉴스와 가짜 비평의 홍수 뒤에 숨어 있는 오염된 마음과 거리를 두어야 내 마음의 가치를 지킬 수 있습니다. 오염 방지용으로 '비평적 듣기와 읽기'를 권합니다. 글과 말에 매이지 않으면서 정보의 홍수속에서 창의적인 결과물을 낚을 수 있습니다.

21세기에도 '식민주의' 세력은 쇠퇴하지 않았습니다. 지금은 총과 칼이 아닌 글과 말로 다른 사람의 마음을 침식해 들어옵니다. 군화 소리가 아닌 소리 없는 힘으로 지배 영역을 확장하고 있습니다. 가짜 뉴스와 정치적인 선동은 이미 우리 생활에 깊숙이 들어와 있습니다. 조심하고 벗어나고 때로는 대항해서 싸우지 않으면 나도 모르게 식민지 백성으로 살게 됩니다.

고집불통의 껍질을 깨는 힘

궁금합니다. 당시 오스트리아-헝가리 제국의 수도 빈에서 교육받은 천재라고 해도 어떻게 프로이트는 혼자서 정신분석학을 창시하고 방대한 저술을 남겼을까요? 생활은 단순했습니다. 카페에서 소일한 유명인들과 달리 낮에는 환자를 분석하고 저녁에는 글을 썼습니다. 마음을 탐색하는 작업을 매일 이어갔습니다. 그렇다고 해도 부지런함 하나로는 설명이 부족합니다.

　프로이트 업적의 핵심은 자기 성찰과 자기 부정의 반복이었습니다. 고심 끝에 내놓은 이론도 허점이 보이면 과감하게 새 이론으로 바꿨습니다. 낡은 이론도 버리지 않고 좋게 만들려고 애를 태웠습니다. 이름이 난 후에도 권위를 지키려고 기존 이론을 고집하지는 않았습니다.

　프로이트 전집은 자기 부정의 땀으로 이루어진 결과입니다. 세상을 떠나기 두 해 전에 쓴 논문 「분석에 있어서 구성의 문제(Constructions in Analysis)」에서 그는 기존 입장을 부정합니다. 분석의 목적이 잊힌 개인사의 진실을 찾아내는 것이 아니라는 것입니다. 본질은 피분석자의 생각과 감정이 통합되어 평안한 마음을 회복하는 것이라고 주장합니다. 이렇게 발상을 전환해 자신의 기존 이론을 스스로 부정했습니다. 분석을 고고학적 발굴에 비유한 종전의 생각을 뒤집은 것입니다. 그는 노력형 천재였습니다.

오래된 것을 지키려는 고집불통인 사람이 늘어나면 세상이 힘듭니다. 생각을 생각하는 기능이 떨어져 있으니 대화가 안 됩니다. '고집'은 '자기의 의견을 바꾸거나 고치지 않고 굳게 버팀'입니다. 왜 버틸까요? 여러 생각을 하면 머리가 아프기 때문입니다. 한 가지 생각만 하면 편하기 때문입니다. 누구의 생각도 완벽하지 않지만 그렇게 합니다.

마음은 동시에 여러 생각을 처리하지 못합니다. 그렇게 하다가는 생각이 뒤섞입니다. 동시 처리가 가능하다고 착각할 수는 있으나 다른 생각으로 옮겨간 것일 뿐입니다. 두 가지 생각을 이어서 해도 너무 다른 생각이면 부딪힙니다. 마음이 불편해지면 하나를 선택하고 선택한 생각이 옳다고 믿어버립니다. 복잡한 생각을 정리하는 과정은 시장 좌판에서 물건을 고르는 것과 다르지 않습니다. 혹시 후회할 것 같으면 잘 골랐다고 단정해 버립니다.

텔레비전 화면 속 말싸움 장면이 피곤합니다. 갈등을 봉합해야 할 영향력 있는 분들이 앞장서서 갈등을 부추기니 신기합니다. 답답한 마음에 생각해봅니다. 과학이 아닌 정치의 세계에서 왜 그토록 옳고 그름을 다투고 있을까? 과학의 영역이라면 그 다툼이 이해가 갑니다. 정치권에서는 합리적이고 공익에 쓰임새가 있는 방안이라면 타협해서 받아드릴 수 있지 않을까요? 하지만 현실은 정반대입니다. 21세기인 지금 일종의 교조주의(敎條主義)에 고착되어 다툼을 멈추지 못한다면 정말 큰일입니다. 옳고 그름만을 따진다면 갈등은 영원히 멈추지 않습니다. 다양한 색조의 회색과 같은 가치들이 자리를 잡아야 하지만 교조주의를 벗어나서 실용주의로 전환될 전망은 회색빛입니다.

정신분석가도 소속 '정당'이 있다면 믿어지나요? 있습니다. '정당'마다 각각 대표로 모시는 분이 있습니다. 프로이트, 멜라니 클라인(Melanie Klein), 하인츠 코헛(Heinz Kohut), 도널드 위니컷(Donald Winnicott), 윌프레드 비온(Wilfred Bion), 페어베언, 설리번 등입니다. 학회장에서 학파가 다른 분석가 사이에 벌어지는 논쟁은 치열합니다. 듣기 민망한 이야기도 서슴없이 합니다. 예를 들어 "당신 환자가 내게 온 것 알고 있어요?"하면 "아, 그 환자! 다시 내게 왔어요"라는 식입니다.

이론적 논쟁과 분석 실제는 다릅니다. 자신이 속한 학파의 이론과

다섯 번째 판

무관하게 그 시점에서 피분석자에게 가장 도움이 되는 이론을 적용합니다. 토론에서 매섭게 자신을 공격했던 분석가의 이론도 꺼리지 않습니다. 좋은 분석은 그런 겁니다. 분석은 이론을 교과서처럼 암기해서 적용하는 행위가 아닙니다. 읽고 익히고 잊어버린 것이 배어 있다가 자연스럽게 나와야 합니다.

꿈을 꿉니다. 정치권이 혹시 정신분석 실제에서 배울 것이 있을지. 이를테면 소속 정당의 당론을 무조건 받드는 것이 아니라 국민의 행복과 복지를 향상시키는 것이라면 상대 정당의 정책도 과감하게 지지하는 것입니다.

이런 꿈이 현실이 될 수 있을까요? 첫째, 정치인 스스로 소속 정당의 이념에 매몰되어 있음을 인지해야 변화가 생깁니다. 둘째, 상대 정당의 정책도 무조건 외면하지 않고, 처음부터 옳고 그름의 판단을 하지 않고 자세히 공부합니다. 앗! 벌써 꿈에서 깨서 현실로 돌아와 정신을 차렸습니다. 가능성이 희박합니다. 꿈은 역시 허망합니다.

정치는 제쳐두고 일상의 이야기로 돌아갑니다. 팔자를 고치는 가장 좋은 방법은 고집을 버리고 융통성 있는 삶을 사는 것입니다. 닫혀 있던 마음의 문을 다른 관점을 향해 여는 것이 고집을 버리는 방법입니다. 적어도 불통의 껍질 정도는 벗길 수 있을 것입니다.

생각보다 세상이 복잡하다는 점도 받아들여야 합니다. 부분적 진실에 매몰된 상태에서 복합적 진실의 세계로 의식을 확장해야 합니다. 그렇게 하면 삶이 한 걸음 더 나아갑니다. 미세하게 보는 현미경도 필요하지만 멀리 보는 망원경도, 넓게 보는 쌍안경도 쓸 때는 써야 합니다.

인생을 새롭게 해석하기

황급히 피해야만 할 때가 있습니다. 강도와 맞서 싸울 것이 아니고 '삼십육계(三十六計)'가 최선입니다. 큰불, 지진, 해일도 멀리 피해야만 합니다. 피하고 싶을 때도 있습니다. 그 사람만, 그 일만 없으면 인생이 확 피어날 것 같습니다. 인생 걸림돌이 거기에 모두 박혀 있다고 느낍니다. 걸림돌에서 멀어지려고 온 힘을 다해 뛰어갑니다. 어디로 가는지도 모르면서…. 멀어지기는 하지만 희망, 가능성과도 멀어진다면 무슨 도움이 될까요? 걸림돌을 피해서 뛰어가다가 다른 걸림돌에 걸려 넘어져 다친다면 더 큰 일입니다.

가장 나쁜 것은 피해도 피할 수 없는 사람이나 상황을 무리하게 벗어나려는 겁니다. 가족 사이가 나빠도 혈연을 지우기는 힘듭니다. 평생직장으로 생각했는데 갑자기 뛰쳐나올 수는 없습니다. 어느 경우이든 어설프게 행동으로 옮기면 후회합니다.

현명하게 살려면 삶의 목표뿐 아니라 과정도 중요합니다. 삶이 의미를 찾는 과정이라면 의미에 따라 삶이 크게 달라집니다. 의미를 찾는 일에는 좌절과 고통이 따릅니다. 고통에 파묻히면 삶을 제대로 이해하는 일도, 사는 일도 불가능합니다.

삶의 의미를 찾으면 삶의 '재해석'이 가능합니다. 직장에서 치르는 어려운 상황을 '내가 직장 적응력을 키우고 성장하기 위한 기회'로 다르게 의미를 찾는다면 새로운 삶이 열립니다.

누구나 자신이 가진 '마음의 렌즈'로 봅니다. 렌즈 색깔이 어두우면 삶이 비관적으로, 렌즈가 일그러지면 세상이 비뚤어져 보입니다. 이미 익숙해진 것을 새롭게 보기는 쉽지 않습니다.

마음의 감독관인 초자아는 보수적입니다. 윤리, 도덕, 이상(理想)으로 짜인 초자아의 가치를 지키려 합니다. 변화의 조짐이 보이면 긴장하면서 회초리를 휘두를 준비부터 합니다. 삶을 재해석하는 일은 지켜야 할 삶의 가치도 변해야 한다는 뜻이니 초자아가 선뜻 반기지는 않습니다.

초자아가 너무 엄하고 철저하면 삶은 숨이 막힐 듯이 갑갑합니다. 초자아가 늘어져 헐거우면 욕망에 사로잡혀 방종한 삶을 삽니다. 초자아는 자아의 움직임에도 영향을 줍니다. 초자아와 자아 사이에 갈등이 증폭되면 삶을 재해석할 여유가 없어집니다. 초자아의 규제를 풀려면 시간과 노력이 듭니다. 전문가가 도우면 다소 쉬워질 것입니다.

한적한 곳에 가서 쉬면 힘든 마음을 달랠 수 있을까요? 효과가 전혀 없지는 않겠으나 근본적인 해결 방법은 아닙니다. 회피한다고 해서 삶을 새롭게 삶을 쳐다볼 수 있는 것은 아닙니다. 몸이 떠나는 것만이 회피는 아닙니다. 마음이 떠나는 것도 회피입니다.

삶을 재해석하려면 직면해야 합니다. 직면은 긴장을 불러옵니다. 이때 마음이 약해지면 회피하게 됩니다. 직면은 어렵고 회피는 쉽습니다. 내 삶의 가치를 회복하려면 견뎌야 합니다. 피가 통하려면 피가 마르는 경험부터 해야 합니다.

재해석은 새로운 관점을 만들어내는 것입니다. 눈치를 보며 적당히 사는 삶이 아닌 내 삶을 살리려면 관점을 바꿔야 합니다. 핏덩이로 태어나 혼돈의 청소년기를 거쳐 이제 어른이 되었으니 내 정체성은 내가 지켜야 합니다. 아직도 눈치를 계속 본다면 주유소에 가야만 운행이 가능한 휘발유 차와 같습니다. 어른이라면 달리면서 힘을 축적하는 '하이브리드' 자동차 정도는 돼야 합니다. 의존성과 자율성의 균형이 맞아야 성숙한 겁니다.

새로운 관점을 가지려면 익숙한 것을 낯설게 만들어야 합니다. 제일 처음 할 일은 혼자서 내 삶을 말로 풀어서 설명해보는 것입니다. 긴장하지 말고 중얼거리면 됩니다. 녹음해서 들으면 보다 객관적인 관점에서 듣게 됩니다. 글로 옮겨 읽어봐도 좋습니다. 무엇을 이야기하고 어떤 식으로 이야기하며 무엇을 빼놓는지를 살펴야 합니다. 그렇게 하면 무엇을 고민하고 무엇을 숨기려고 하는지 알게 됩니다. 합리적 설명인가? 무리한가? 내 인생 초판이 아직 읽을 만한가? 아니면 재해석을 한 개정판이 급히 필요한가?

내 삶에 대한 내 생각이 진정 내 생각인가? 내가 소망하는 일이 정말 내가 하고 싶은 일인가? 남의 생각과 기대를 내 것으로 착각하고 있는 것은 아닌가? 이런 질문을 던지고 답을 구해야 합니다.

내가 내 생각, 감정, 행동의 주체가 되는 건 당연하지만 실천은 어렵습니다. 삶은 마음먹은 바와 달리 펼쳐집니다. 내 마음이지만 마음대로 움직이지 않습니다. 속상한 마음에 내가 나를 힘들게 합니다. 남에게 하는 것처럼 부담을 주고 비판하고 공격합니다.

나를 내가 아끼고 사랑하지 않으면 누가 나를 사랑할까요? 내가 나를 있는 그대로 받아들이지 않으면 누가 나를 인정할까요? 힘들어도 회피하지 말고 직면하며 내 삶을 새로운 관점으로 다시 해석한다면 길이 보입니다.

다섯 번째 판

마음속, '잠수함'처럼 들여다보기

귀가 있으니 듣습니다. 들은 것을 뇌가 처리하고 몸이 반응합니다. 말과 눈빛으로 상대와 대화가 이어집니다. 듣고 말하기는 사람 사이를 연결하는 고리입니다. 문명사회의 기반은 듣고 말하기입니다.

정신분석은 약물도, 수술도, 방사선도 아닌, 누구나 쓰는 말을 이용합니다. 장점이자 특징입니다. 분석의 본질은 듣고 말하기이고, 특히 듣기가 중요합니다. 듣기가 없으면 말하기도 없습니다.

정신분석적 듣기는 일상적인 듣기와 어떻게 차이가 있을까요? 일상적 듣기는 바다 위에 떠 있는 선박처럼 수면 위, 의식의 세계를 항해하며 정보를 수집합니다. 상대의 말을 들리는 대로 받아들입니다. 분석적 듣기는 잠수함처럼 바닷속을, 무의식의 세계를 다니며 숨은 의미를 찾습니다. 일상적 듣기와 달리 상대의 말을 뒤집어서 듣습니다.

정신분석의 '듣기 잠수함'은 마음속 흐름을 타고 갈등을 찾아갑니다. 가끔 바닷속 기뢰가 나타나 막으면 멈춰 서서 작전을 짜야 합니다.

제거할 것인가, 우회할 것인가를 결정해야 합니다.

'자유연상'은 기뢰가 상징하는 저항과 방어를 우회할 최상의 방법입니다. 마음에 떠오르는 생각이나 느낌을 가능한 가리지 말고 이야기하는 것입니다. 말하고 싶지 않은 생각이나 감정이 떠오르면 연상의 흐름이 끊어집니다. 연속되지 않고 끊어지는 지점에는 늘 저항과 방어가 있다고 판단합니다.

분석적 듣기에는 특징이 있습니다. 삐딱하게 듣는 겁니다. 말 자체로 듣기보다는 뒤집어서 들어야 합니다. 이야기의 주제, 동기, 의미, 감정을 골고루 살펴야 합니다. 방어와 저항을 누그러뜨리고 전이를 활용해서 갈등의 뿌리를 찾아내려면 일단 잘 들어야 합니다. 잘 들어야 좋은 해석으로 이어집니다.

들으면서 동시에 분석가는 자신과 대화합니다. 자신에게 질문을 던지고 답을 구합니다. 예를 들어 "이 시점에 이 사람이 내게 이런 이야기를 하는 이유는 무엇일까?"라는 질문을 스스로 던지고 답을 생각합니다.

말과 말이 이어진다고 분석이 꼭 제대로 이루어지고 있는 것은 아닙니다. 앞뒤 관계를 찾기 어려운 '자유연상'을 계속 들으면 갈피를 못 잡고 혼돈에 빠집니다. 이럴 때는 감정이 탈출구가 됩니다. "끊임없이 말을 하고는 있지만 이야기가 졸릴 정도로 지루한 것은 중요한 이야기를 숨기고 있는 것일까?"라는 식으로 지루하게 느끼는 감정에 초점을 맞추어 생각해보면 의미가 이해되고 방법이 보입니다. 혼돈에서 벗어나 연결 고리를 찾으려면 여러 해 동안 수련, 경험, 공부가 필요합니다.

작정하면 더 잘 들을 수 있을까요? 영국 분석가 윌프레드 비온은 "기억과 소망은 다 잊고 분석하라"고 했습니다. 오히려 마음을 비우면 많이 깊게 들립니다.

이야기의 내용에만 신경을 쓰며 들으면 놓치는 것들이 생깁니다. 이야기가 전개되는 과정도 살펴야 합니다. "끝나기 직전에 꿈 이야기를 불쑥 꺼낸 이유는?" "꿈을 이야기는 하지만 숨긴 것과 같은 효과를 보려고 했던 것은 아닐까?"라고 저항을 읽어냅니다.

다음 중에서 분석적 듣기와 가장 어울리는 것은 무엇일까요? 거울처럼 비추기, 전화기처럼 듣기, 외과 의사처럼 듣기. 아무리 닦아도 완벽하게 비추는 거울은 없습니다. 다만 선입견 없이 무비판적으로 들으려고 노력할 뿐입니다. 피분석자의 무의식과 분석가의 무의식 사이에 '주파수'를 맞춰서 듣는다는 개념도 추상적이고 비현실적입니다. 외과의사는 냉철하고 급한 행동파입니다. 조심스럽고 꾸준하고 느린

분석적 듣기에 어울리지 않습니다.

　여론을 듣는 것과 분석적 듣기는 다를까요 비슷할까요? 여론에 민
감한 현대 사회에서 듣기는 중요합니다. 여론은 분석적으로 들어야
합니다. 건성으로 들으면 엉뚱한 해석을 내려서 판단을 그르칩니다.

　이념에 치우쳐서 여론을 듣다가 정책이 역효과를 내는 것은 이론에
치우쳐서 듣다가 분석을 망치는 것과 같습니다. 어떤 듣기나 유연해
야 합니다. 힘을 주면서 들으면 핵심을 놓칩니다.

보고 싶은 것만 보지 않으려면

연예인의 일탈 행위가 뉴스에 자주 나옵니다. 잊을 만하면 또 보도됩니다. 사람들은 실망합니다. 만난 적도 없는 사람의 소식에 왜 그렇게까지 그럴까요? 그 사람을 이상화(理想化)하면서 생각하고 느끼고 만들어온 환상이 깨졌기 때문입니다. 보고 싶은 것만 보다가 충격을 받은 겁니다.

환상은 모래탑처럼 무너집니다. 사람은 다 사람입니다. 문제의 연예인은 변한 게 없었을 겁니다. 우리가 그 사람의 전체를 못 보고 알아서 착각했던 것입니다. 연예인도 정치인도 다 사람인데 대중은 환상을 만들어내고 일희일비(一喜一悲)합니다.

사회에서 벌어지는 끊임없는 다툼도 서로가 상대의 보고 싶은 부분만 보며, 보고 싶지 않은 면을 못 보거나 안 보기 때문입니다. 일방적으로 매도하고 공격하며 억압하거나 제거할 대상으로 여기니 해결책은 보이지 않습니다. 진보는 보수를, 보수는 진보를 전체로 볼 수 있는 능력을 배양할 생각이 전혀 없다면 우리 사회는 늘 그렇게 자기 파괴적일 겁니다.

멜라니 클라인이라는 정신분석가가 있었습니다. 개인사는 불행했으나 정신분석학에 뚜렷한 업적을 남겼습니다. 오스트리아 출생인 클라인은 우여곡절 끝에 헝가리, 독일을 거쳐 영국 런던에 정착해 활동했습니다. 현재 클라인 학파는 영국, 남미, 유럽은 물론이고 북미 일부에서도 영향력이 큽니다.

클라인은 프로이트가 보고 싶은 것만 보다가 놓친 것을 파고들었습니다. 소아분석 이론으로 프로이트 이론을 보완했습니다. 그중에 '부분 대상' 개념이 있습니다. '대상'이란 물건이 아닌 '다른 사람'으로 '자기'와 대비되는 개념으로 깊게 들어가면 마음속에 있는 '다른 사람의 표상'을 뜻합니다. '부분 대상'은 대상의 일부를 말합니다.

생존에 절대적으로 필요한 대상인 엄마를 아기는 한동안 '좋은 엄마(서둘러 젖을 먹이는 엄마)'와 '나쁜 엄마(늦게 젖을 먹이는 엄마)'라는 부분 대상들로 나누고 각각 다른 사람이라고 생각합니다. 자라면서 한 엄마 안에 좋은 엄마와 나쁜 엄마가 나란히 살아 있음을 깨닫게 됩니다. 부분 대상을 전체로 통합해 생각하는 능력이 생긴 것입니다.

국가 간 관계에도 부분 대상의 개념을 적용할 수 있습니다. 절대적으로 나쁘거나 절대적으로 좋은 국가는 없습니다. 국가 이익이나 지도자의 마음에 따라 움직일 뿐이고, 지도자의 마음은 국민 다수의 마음과 별 관계가 없습니다. 하지만 특정 국가에 부정적인 부분 대상을 투사하면 그 나라의 국민을 미워하게 됩니다. 가족, 사회, 국가가 물려준 선입견이 작동한 겁니다. '혐오 범죄'는 그렇게 생깁니다. 이러한 현상을 분석심리학 창시자 카를 융(Carl Gustav Jung)은 개인의 무의식이 아닌 '집단 무의식' 개념으로 설명했습니다.

누구나 끊임없이 다른 사람에게 내 욕구를 투사하며 삽니다. 투사된 욕구가 충족되면 흐뭇합니다. 좌절되면 분노합니다. 분노가 지나치게 쌓이면 일단 마음에서 그 사람을 지우려고 합니다.

섞여 살지 않을 방법은 없습니다. 내가 있어 남이 있고, 남이 있어 내가 있습니다. 여당이 있어 야당이 있고, 야당이 있어 여당이 있습니다. 우리나라가 있으니 다른 나라가 있고, 다른 나라가 있으니 우리나라가 있습니다.

개인, 정당, 국가를 나쁨과 좋음의 범주로 나누면 당장 문제가 해결될 것 같이 보입니다. 기대와 달리 같은 대상에서 나쁨과 좋음을 모두 찾는 일은 불가능해 보입니다. 무릅쓰고 하려면 선한 의도와 꾸준한 노력이 필요해서 고통스러운 것이 현실입니다.

부분 대상으로 분열시키고 나쁜 쪽을 공격해서 얻는 만족감은 쉽게 포기하기 어렵습니다. 관계의 갈등 구조를 녹여내려면 한 눈이 아닌 두 눈으로 보아야 합니다. 편 가르기를 하고 나서 보이는 일목요연함은 미성숙한 환상입니다.

내가 열광하는 연예인, 정치인 또는 일상의 어떤 사람이 그냥 그런 사람이라면? 내가 책임져야 할 일입니다. 성숙에는 고통이 따릅니다. 환상에 빠지면 오늘도 내일도 보고 싶은 것만 보고, 보고 싶지 않은 것은 안 보며 살아갑니다.

확신하고 싶은 이유

생각이 오락가락하는 나와 달리 확신에 찬 그 사람은 멋있어 보입니다. 어떻게 저럴 수 있을까? 궁금하고 부럽습니다. 오해는 마십시오. 저도 생각이 전혀 없지는 않습니다. 정신분석가는 생각의 틀이 복합적입니다. 명명백백한 의견은 분석 작업에 적합하지 않습니다. 생각이 복잡해야 오히려 결과가 좋습니다.

마음의 화면에는 두 가지 영상이 동시에 맺힙니다. 외부 현실과 마음속의 표상이 마주 보며 투영됩니다. 두 이미지가 합쳐지면 생각과 느낌이 만들어집니다.

마음은 주관성의 영역이니 순도 100퍼센트의 객관적 진실은 그 속에 담기지 않습니다. 마음은 환상과 현실이 주고받는 흐름입니다. 환상은 현실을 수정하고 현실은 환상을 정리합니다. 그 사이에 마음을 방어하는 기제(합리화, 부정, 투사 등)가 끼어들어서 좀 더 복잡한 생각과 느낌이 생깁니다.

초청 강연을 갔던 유럽 어느 도시는 도착한 날 호텔 바로 앞에서 눈 뜨고 소매치기를 당한 탓에 나쁜 인상을 남겼습니다. 초청자의 환대와 박물관, 미술관에서 받은 감명이 순화시켜 주었지만 여러 해가 지난 지금까지 상처받아 새겨진 환상에서는 재상영관 화면처럼 비가 줄줄 내립니다. 내 마음은 앞으로도 트라우마의 기억에서 벗어나지 못할 겁니다. 누군가 물으면 확신에 찬 목소리로 그 곳은 가지 말라고 할지도 모르겠습니다.

"어떻게 그런 일이 일어났을까요" 누가 그 일에 대해 묻는다면? 포괄적인 질문이기는 하나 완벽하지는 않습니다. 질문 뒤에 숨은 의도가 그 사람과 나의 관계에 따라 전혀 다를 수 있기 때문입니다. 질문이 완벽하다고 해도 대답이 완벽할 수는 없습니다. 질문과 대답에는 늘 빠진 것과 가려진 것이 있습니다. 그런데도 질문자와 답변자 모두, 질문과 답변이 각각 완벽하다고 확신한다면 소통에 문제가 생깁니다.

확신의 늪은 깊고 어두워서 들여다보아도 잘 안 보입니다. 애를 써도 겨우 조금 보입니다. 확신의 정체를 완전히 알기는 어렵습니다.

확신은 마음의 불편함을 지우기 위한 것입니다. 부분을 알면서 전체를 아는 듯 느끼면 마음의 불편함이 사라집니다. 세상의 불확실성이 늘어날수록 확신에 찬 사람들도 따라 늘어납니다.

확신이 돌같이 굳어지면 소신(所信)이 됩니다. 굳어진 소신을 녹이는 일은 어렵습니다. 녹이려고 하면 자아 정체성이 흔들립니다. 자아 정체성은 "나는 누구이며 나와 세상의 관계는 어떠한가?"에 관한 자기 나름의 생각입니다.

집단의 힘도 소신을 지키도록 강제하는 '갑옷'입니다. 소신을 굽히면 비난이 집단적으로 쏟아집니다. 어리석게 잘못을 인정한 것으로, 소속 집단을 배신한 것으로 낙인을 찍습니다. 합리적인 융통성을 발휘했다고 긍정적으로 평가하는 경우는 가뭄에 콩 날 정도입니다.

지나친 확신이나 잘못된 소신은 고치고 굽혀야 하지만 거의 불가능합니다. 대체로 끝까지 가야만 한다고 소신을 더 굳히는 반응을 보입니다.

세상을 합리적으로 대하려는 현실 판단력은 객관의 영역과 주관의 영역을 구분합니다. 현실 판단력의 아킬레스건은 주관에 속하는 욕망, 갈등, 기억입니다. 주관은 비합리적이라는 선입견을 피하고 싶어서 늘 객관으로 위장합니다. 위장술이 너무 뛰어나서 속기 쉽습니다. 합리적으로 보이는 확신조차 애써 검증해야 합니다.

확신일수록 대면하고 수정, 보완해야 하지만 사람들은 그렇게 하지 않습니다. 이미 강하게 만든 확신에 금이 가는 것을 두려워하며 무슨 일이 있어도, 어떤 방법을 써서도 지키려고 합니다. 검증하려는 찰나 고개를 돌립니다. 소신의 경지에 도달한 확신을 방어하는 노력은 극도에 달합니다. 검증 작업을 벗어난 확신과 소신이 절대적인 진실의 위치에 자리 잡으면 고집이 됩니다.

현실 판단력은 주관의 영향을 줄이면서 객관의 역할을 늘여야 자라납니다. 그러기 위한 자아 성찰은 밖이 아닌, 안을 살피는 일입니다.

본질을 외면한 채로 확신이나 소신의 모습만을 고집하는 세상은 같이 만들고 같이 살아가는 세상이 아닙니다. 진정한 명의(名醫)는 자신이 내린 진단이 틀렸을 가능성을 의심하고 또 의심합니다. 확신에 찬 의사는 필요한 이야기를 듣지 않고 고집하다가 의료 사고를 냅니다. 정신분석학에서는 심지어 피분석자의 마음이 궁극적으로는 '불가지(不可知: 알 수 없음)'라는 생각도 합니다. 단순한 생각의 틀에 사로잡히면 자신이 피분석자의 마음 구석구석을 많이 안다고 믿게 됩니다.

보고는 있으나 미처 못 보고 있나요? 아예 볼 생각을 안 하고 있나요? 확신, 소신, 고집의 길에서 벗어날 용기가 없다면 남의 미래만 불행하지 않습니다. 나의 미래도 불행합니다.

마음의 폭탄 다스리기

정신분석가 오토 랑크(Otto Rank)는 한 세기 전, 출생 자체가 '충격'이라고 했습니다. 아기가 자궁에서 낯선 환경으로 갑자기 방출되는 것을 '출생 충격'으로 명명한 것입니다.

태어날 때 받은 격렬한 감정적 충격이 마음에 계속 남아 영향을 준다면 마음은 방황합니다. 욕망을 과도하게 분출하는 성향이 생겼다면 커서도 장난감을 사달라고 가게 바닥에 드러누운 아이처럼 행동할 것입니다. 올바른 삶을 살겠다는 기준이 경직되어 있다면 길에서 10원을 주워도 파출소에 가야만 할 것입니다. 판단, 결정, 조정하는 능력이 허약하면 우물쭈물하다가 삶을 낭비할 것입니다.

대인관계에서는 삶을 살아가는 기준, 가치관이 중요합니다. 도덕적 가치관이 흔들리면 범죄가 늘어납니다. 윤리적 가치관이 흔들리면 해서는 안 될 일을 합니다. 가치관을 모아놓은 마음속 부분을 '초자아', 독일어로는 '내 위의 나'라고 부릅니다. 나를 위에서 내려다보며 통제

하는 존재라는 의미입니다.

초자아도 가끔 고장이 납니다. 작동 이상으로 생긴 비정상 초자아는 반란을 일으켜 정상 초자아의 힘을 빼앗습니다. 미끄럼틀에 올라탄 것 같은 상황에서 마음이 흔들립니다. 자아의 판단 기능은 흑백논리에 쉽게 물들고 삶의 목적이 흐려집니다. 대인관계를 미움과 섭섭함이 차지합니다. 감당이 안 되는 불안에 시달리다가 절망으로 떨어집니다. 심하면 스스로 삶을 파괴합니다.

비정상 초자아의 침범으로 인한 마음의 위기에서 탈출하고 싶다면, 믿을 만한 사람이나 전문가와 함께 마음을 터놓고 대화를 나눠야 합니다. 망설일 여유도 이유도 없습니다. 반란군이 수치심과 죄책감을 동원해서 마음을 마비시키기 전에 서둘러야 합니다. 혼돈이 자기 파괴로 이어지기 전에 벗어날 길을 찾아야 합니다. 자율적으로 할 수 없다면 주변 사람이 억지로라도 그렇게 하도록 조치해야 합니다.

비정상 초자아는 과도하게 흥분한 초자아라는 뜻이니, 초자아의 정체를 알면 비정상 초자아의 횡포에서 벗어나는 데 도움이 됩니다. 초자아는 도덕적 통제와 자아 이상 추구를 위해 움직입니다. 도덕적 통제는 옳고 그름을 판단하고 따르도록 강제합니다. 자아 이상은 내가 되고 싶은, 내가 되어야만 하는 모습을 추구하도록 내 등을 떠밉니다.

초자아는 마음의 등대와 같은 역할을 합니다. 갑자기 컴컴한 그림자가 덮쳐오는 삶의 여정에서 길을 잃지 않도록 이끌어줍니다. 범죄나 부도덕의 유혹에서 나를 지키는 것도 초자아입니다.

삶은 만만하지 않습니다. 뜻대로 살기 힘듭니다. 순간순간 판단, 결정, 행동하고 인내해야 합니다. 삶의 지침을 밖에서, 다른 사람에게서 구하려 한다면 실수입니다. 참조할 수는 있겠으나 삶의 방향과 경로는 내 초자아에 내장된 '인생 교본'이 주관합니다. 초자아가 제대로 작동하면 성찰의 자세로 삶의 지침을 제공합니다. 자아가 감성과 이성의 균형을 지키면서, 가치 있는 삶을 살고 꿈을 이루도록 북돋아줍니다.

초자아가 지나치게 흥분하면 삶이 피곤합니다. 마음의 균형이 무너지면서 욕망의 통제와 감시에 에너지를 지나치게 씁니다. 자아와 관계를 끊고 비판과 공격의 포화를 퍼붓습니다. 초자아가 통제 불능의 '마음 폭탄'이 되면 삶을 해칩니다. 그런 모습은 강박신경증에서 세균 제거의 구실을 앞세워 피가 날 정도로 손을 씻고 또 씻게 강요하는 형태로 드러납니다. 심한 우울증을 극단적인 선택으로 이끄는 것도 초자아가 하는 짓입니다.

초자아의 오작동을 미리 예측하기는 어렵지만 쓸데없이 자극하는 일은 자제할 수 있습니다. 과한 욕심을 누르고 주변 상황도 잘 헤아린다면 잠자는 초자아를 쓸데없이 흔들어 깨우지 않을 겁니다.

말로 치유하는 법

정신분석의 메카로 불리던 미국 뉴욕의 저명한 분석가 두 사람이 '농담'을 둘러싸고 논쟁을 했습니다. 한 사람이 이렇게 말합니다. 분석가는 치료하는 사람이니 피분석자가 하는 농담에 웃으면 안 된다. 다른 사람이 반박합니다. 억지로 참으면 인간적이지 않고, 농담한 사람이 거리감을 느끼면서 거부당한 느낌을 받으니 자연스럽게 웃어야 한다고.

웃기면 웃어야 합니다. 그러나 농담을 웃고 넘기면 분석이 아닙니다. 지금 왜 내게 그 농담을 하는지를 알아봐야 합니다. 분석은 일상 대화가 아닌 전문 대화입니다.

분석은 독특합니다. 누구나 쓰는 말로 진단하고 치료합니다. 말로 마음에 파장이 일어나고 변화가 온다는 것은 신기합니다. 말을 쓰는 다른 방법으로 인지행동치료 등도 있지만 프로이트가 창시한 정신분석이 뿌리임을 부정하기 어렵습니다.

누군가는 이렇게 물을 것입니다. 도대체 말만으로 어떻게 됩니까? 이야기를 털어내고 속 시원해지는 카타르시스 효과 아닌가요? 남이 고개를 끄덕여주는 공감의 역할도 있겠지요?

약물치료에도 30퍼센트 정도 위약 효과가 있듯이, 정신분석에도 어느 정도 '가짜 치료 효과'가 숨어 있습니다. 친구에게 하는 고민 상담도 잠시 효과가 있지 않나요? 그러나 그것만으로 삶에 대한 관점과 성격 특성이 변하면서 행복지수가 올라가지는 않습니다.

말로 하는 분석의 효과는 어디에서 올까요. 다양한 논의가 있지만, 다음과 같이 요약해보겠습니다. 분석의 기반은 '치료적 동맹'입니다. 비밀이 보장되면서 시간과 공간을 공유하는 경험도 중요하지만 서로 어느 정도 편안하게 느껴야 합니다. 관계가 좋아야 결과도 좋습니다. 의사와 환자 사이가 좋아야 약 복용을 잘하는 것과 비슷합니다. 두 사람이 너무 다르면 분석이 불가능하지는 않으나 힘이 듭니다. 분석가는 어려운 이야기도 쉽게 풀어서 하고 급할 때 연락이 잘 되어야 합니다.

분석은 자유입니다. 두려움, 불안 없이 마음을 열고 말을 하는 '자유연상'이 가능하도록 노력하고 도와야 합니다. 말처럼 쉽지는 않습니다. 이해받는 느낌이 들어야 대화가 이어집니다. 관계가 좋아도 마음에 저항이 걸리거나 방어하려고 하면 잡념이 파고들어 대화는 끊어집

다섯 번째 판

니다. 숨기고 싶은 이야기도 이어지도록 분석가는 궁리해야 합니다. 해석을 이용해 피분석자의 저항과 방어를 해소시켜야 합니다.

침묵은 저항입니다. 이야기를 갑자기 다른 이야기로 돌리면 방어기제가 작동한 것입니다. 분석가는 일단 다음과 같이 해석을 시작할 것입니다. "그 이야기를 계속하는 것이 부담스러운 것 같습니다." 해석이 통찰로 이어지길 바라지만 한 번으로 되는 일은 드뭅니다. 해석은 반복해야 하는 운명을 타고났습니다. 이러한 작업을 '철저 해석'이라고 합니다.

분석이 종결된 이후에 분석을 받았던 경험 중 무엇을 중요하게 기억할까요? 멋진 해석일까요? 분석가가 자신을 따뜻하게 대해주었던 일을 많이 떠올린다고 합니다. 주차를 하다가 분석가의 차에 흠집을 내서 사과하고 피해 보상을 하려 했으나 조금 긁힌 것이니 신경 쓰지 말라는 말에 감동을 했다는 식입니다.

프로이트 사후에 정신분석가는 모름지기 중립적인 태도를 유지해야 한다는 의견이 널리 퍼졌습니다. 잘못된 견해입니다. 사람 사이의 상호작용은 기계적으로 처리할 수 없습니다. 식사를 거른 환자에게 프로이트가 음식을 차려준 일도 있었습니다.

분석에도 지켜야 할 '안전거리'와 경계는 있습니다. 마음의 거리와 물리적인 거리가 가깝지도 멀지도 않아야 합니다. 지나치게 가까우면 일탈입니다. 너무 멀면 분석은 진행되지 않습니다. 분석의 성공은 멀지도 가깝지도 않은 치료적 관계에서 출발합니다.

말로 하는 치료라고 해서 '밑져야 본전'이 아닙니다. 몸 밖으로 배출되면 부작용이 빨리 없어지는 약물과 달리 마음에 박힌 말은 오래 남습니다.

말로 하는 치료는 차이가 쉽게 드러나지 않습니다. 보통 사람의 귀에는 전문가의 말과 비전문가의 말이 비슷하게 들릴 수 있으나 분석 언어의 전문성을 쉽게 보면 안 됩니다. 잘 꾸민 방에서 분석용 카우치만 사용한다고 그 사람이 분석가라는 보장도, 그 행위가 분석이라는 보장도 없습니다. 아 다르고, 어 다릅니다!

본本과 말末을 뒤집지 않도록

정신분석에서 '정신'과 '분석' 중에 어느 것이 중요할까요? 정신이 본(本), 분석이 말(末)입니다. 정신이 근본적인 것이고 분석이 지엽적인 것입니다. 본말을 뒤집고, 근본과 지엽을 뒤바꾸면 정신분석이 아닙니다.

상투적인 질문, 뻔한 해석으로 마음을 헤집으면 분석이 아니고 분열입니다. 분석은 마음을 조각내는 것이 아니고 이미 조각난 것들을 연결해서 봉합하는 작업입니다.

우리는 간혹 상대를 이해한다면서 상대의 마음을 분열시킵니다. 인권운동의 본질은 무엇일까요? 인권인가요, 운동인가요? 운동이 인권을 부리면 인권운동이 아닙니다. 분석으로 정신을 부린다면 정신분석가 자격이 없는 것처럼 운동으로 인권을 부리면 인권운동가 자격이 없습니다. 평등한 관계를 지향한다고 하지만 관계를 둘러싼 모든 조건이 평등하지는 않습니다. 그러니 목적이 아무리 좋아도 관계는 항상 조심해야 합니다.

인권운동은 권리를 침해받아 몸과 마음의 상처를 입은 사람을 보듬는 사회운동입니다. 몸의 상처는 흉터가 남아도 치유되지만, 마음의 상처는 평생 갑니다. 마음이 흘리는 피는 사람의 마음으로 치유해야 합니다. 피해자는 지옥 같은 고통을 털어내려고 어린 시절 엄마와 같은 마음으로 안아줄 사람으로 인권운동가를 찾았을 겁니다.

안기려는 피해자와 안아줄 인권운동가 사이는 처음부터 수평관계가 아닙니다. 피해자가 운동가의 말과 행위를 치밀하게 판단하고 행동하기는 어렵습니다. 막연하게 선의를 기대할 뿐입니다.

어떤 좋은 운동도 사회와 언론의 관심, 사람, 돈이 모이면 권력입니다. 어느새 권력이 되었다는 사실을 깨닫는 것이 권력의 부작용을 막는 첫걸음입니다. 권력이 무조건 경계의 대상은 아닙니다. 좋은 사회를 만들기 위해 제대로 쓰면 사회적 선(善)입니다. 권력 자체가 목적이고 사적 이익을 위해 누린다면 어떤 좋은 명분 위에 서 있더라도 사회적 악(惡)입니다. 그래서 '좋은 운동'도 흔히 함정에 빠집니다.

정신분석이 오랜 세월 서서히 진행되면 정신분석가는 타성에 빠지기 쉽습니다. 인권운동이 오래 지속되면 인권운동가는 오만에 빠지기 쉽습니다. 오래 해왔다고 여전히 제대로 하고 있는 것은 아닙니다. 피

다섯 번째 판

분석자와의 경계를 정신분석가가 침범한다면 외부 전문가가 개입해서 상황을 점검하고 처리합니다. 스스로 해결할 범위와 능력을 넘었다고 봅니다. 일탈 정도가 심하면 자격을 박탈합니다. 일탈한 사회운동도 동일한 관점으로 진단하고 외부에서 개입해서 처리해야 합니다.

본말이 전도되면 분노의 목소리가 들리지만, 타성이나 오만에 빠지면 듣지 못합니다. 그 목소리를 무시하면 늪에 빠집니다. 성가시게 느껴지더라도 스스로를 타일러 더 자세히, 공감하면서 들어야 합니다. 성가신 느낌은 이미 자신이 본말을 뒤집는 사람이 되었다는 경고이지만 무시하는 순간 자신의 힘으로 해결할 수 없는 단계로 미끄러집니다. 마지막 기회를 잘 잡아야 합니다.

어려운 말 뒤에 숨겨진 것

세상이 던지는 말에 어쩔 수 없이 파묻힙니다. 마음이 편한 말도 있지만 들으면 들을수록 성가신 말도 자주 들립니다. 나쁜 말은 소통을 방해하고 관계에 금을 냅니다. 아름답지 않은 현실을 무난하게 감싸는 말은 추합니다. 이런 말이 많아지면 현실과 말 사이가 멀어지고 믿음은 추락합니다. 정신을 차리지 않으면 말의 홍수 속에서 평정한 마음은 익사합니다.

옳고 그름을 떠나 뜻을 알기 어려운 말들이 돌아다닙니다. '말놀이'를 넘어 '말장난' 수준이 넘칩니다. 내 마음을 지키려면 세상에 흘러넘치는 말의 속성을 꼼꼼하게 분석하면서 들어야 합니다.

말은 왜 할까요? 진심을 털어놓으려고? 대중매체가 쏟아내는 글과 말은 읽고 듣는 사람의 생각을 바꾸려는 것입니다. 숨겨야 할 것을 숨기려는 의도도 담겨 있습니다.

숨기려고 흔히 쓰는 방법은 침묵이지만 침묵으로도 완벽하게 숨길 수는 없습니다. 침묵 자체가 벌써 숨기려는 의도를 드러내기 때문입니다. 그렇다면 다른 방법은? 복잡하고 어렵게 말을 하는 것입니다. 쉽게 말하면 쉽게 들키지만 어렵게 말하면 감춰집니다. 환히 알 수 있는 것도 숨기려면 일부러 어렵게 말해 듣는 사람의 머리를 어지럽힙니다.

모호한 말은 여러 해석이 가능해서 마음을 숨기기에 좋습니다. 여러 사람이 같은 말을 들었는데 정반대로 해석할 정도입니다. 뜻이 여럿이면 단어 하나로도 진의 논란이 벌어집니다. 명확하게 말해도 말한 사람과 들은 사람 사이에는 이해의 격차가 생깁니다.

말은 힘이면서 함정입니다. 뻔한 이야기도 뒤집어서 비위를 맞추면서 본인이 원하는 것을 얻어내려 합니다. 다중적 의미를 건드린 말장난으로 상대를 비난하거나 공격합니다. 그러니 말을 들으면서 말하는 사람의 생각과 의도를 읽어야 함정을 피할 수 있습니다.

말을 읽어보면 주어, 동사, 목적어는 물론이고 형용사, 부사, 접속사, 전치사 모두가 의미가 있습니다. 시작을 '내가…'로 하는 것과 '나는…'으로 하는 것은 뜻이 묘하게 달라집니다. 대명사를 써서 말을 이어간다면 숨기려는 것입니다. "그런 짓을 그가 해서 힘들어요!"라고 하면 누가 누구에게 무슨 짓을 어떻게 했는지 전혀 알 수가 없습니다. 관계에서 겪은 아픔이 떠오르는 것을 애매한 말로 막으려는 것입니다. 접속사는 특히 신경 써야 합니다. '그러나'는 갑자기 논리의 방향을 정반대로 바꿉니다. '어쨌든' '여하튼' '그건 그렇다 치고' 같은 말들은 이미 한 말을 희석하려고 씁니다. '○○에도 불구하고' '그래도 역시'는 앞의 이야기를 뒤집는 것입니다. 단어 하나하나에 마음의 움직임이 포함되어 있습니다. 말의 빠르기와 말소리의 높고 낮음도 살펴야 합니다. 말하는 사람의 감정 상태와 사고방식이 나타나 있습니다.

일상 언어에 비해 전문가가 쓰는 언어는 해독이 어렵습니다. 전문가는 전문용어를 써서 말을 어렵게 합니다. 학자, 의사, 법조인이 전형적으로 그러합니다. 전문용어는 전문가 사이에서 정확하고 효율적으로 소통하는 데 도움이 되지만, 비전문가는 긴장해서 들어도 뜻을 알기가 힘듭니다. 말이 어려우면 듣는 사람이 당황합니다. 전문용어는 전문가 사이에서만 써야 합니다. 다른 사람들과는 일상용어로 풀어야 합니다.

그렇다면 전문가의 일상 대화 수준은 어떨까요? 방송을 보고 있으면 좀 힘이 듭니다. 어떤 전문가는 피동형 표현을 정말 좋아합니다. "이 상황은 ○○○라고 보여집니다"라고 피동형을 연발합니다. 그냥 "나는 ○○○라고 생각합니다"라고 하면 속이 시원하겠습니다. 정 어려우면 "○○○로 보입니다"도 참을 만합니다. 언급의 주체를 왜 숨길

까요? 한 말에 책임을 지지 않겠다는 의도일까요? 아니면 그냥 언어 습관일까요? 이중부정 화법은 더 끔찍합니다. "○○○이 아닌 것은 아니라고 봅니다"라는 말을 들으면 어지럽습니다.

직유와 은유의 현란함 뒤에 숨기도 합니다. '사자처럼 용감하다'라는 말을 '사람이 아니다'라는 냉소적인 뜻으로, '밤의 장막'이라는 시적인 표현을 '암흑의 장막'이라는 부정적인 의미로 쓴다면 그러합니다.

고사성어 뒤에 습관적으로 숨는 사람들이 있습니다. 평범한 말로 충분히 표현할 수 있는데 왜 굳이 고전에서 가져와서 써야만 하는지 이해가 안 됩니다. 다른 의도가 있을까요? 권위나 유식함을 뽐내고 싶거나 대중매체의 관심을 끌고 싶은 마음이 있을 겁니다. 스스로 뜻이나 알고서 쓰는지 간혹 의심이 됩니다.

사적인 언어도 의미를 숨기는 데 도움이 됩니다. 사적 언어에는 외부인은 뜻을 알 수 없다는 특성이 있습니다. 연인이나 부부 사이에서 쓰는 언어는 은밀해서 같은 자리에 있는 사람이 소외감을 느낍니다. 사적 언어와 사적 언어를 쓰는 사람의 마음은 교묘합니다.

숨기는 방법 중 또 하나는 막연하게 말하는 것입니다. 부부 사이가 어떠냐고 묻는 질문에 "어느 집이나 다 그렇죠"라고 대답합니다. 답을 안 한 것과 같습니다. 자세히 물으면 이런저런 이야기가 나옵니다. "사는 게 다 그렇지요"라는 말도 미묘합니다. 드러내고 싶지 않다는 뜻입니다.

언어의 숨은 의미를 찾는 일은 고고학적 작업과 비슷합니다. '고고학적' 접근법으로 말의 숨겨진 의미를 찾아 마음을 치료했던 사람이 프로이트입니다. 피분석자의 말에서 분석가는 마음을 읽어야 하지만, 억압되어 숨겨진 진실은 쉽사리 모습을 나타내지 않습니다. 피분석자가 분석 시간에 이야기를 하다가 갑자기 다른 이야기로 넘어가면 숨기려는 것입니다. 순간 떠오른 생각에 마음이 불편해서 자신도 모르게 이야기 주제를 바꾼 것입니다.

현대 정신분석가 중에는 과거의 숨겨진 이야기를 말을 통해서 찾는 데 관심이 없는 사람들도 있습니다. 현재의 시점에서 두 사람의 마음이 '같이 창조'하는 이야기가 중요하다고 주장합니다. 이제 분석의 해석은 종전의 '그곳, 그때' 중심에서 '이곳, 지금'으로 초점이 바뀌었습니다.

다섯 번째 판

나를 돌아볼 줄 알아야 진짜 전문가

전문가 앞에서는 기죽는 느낌이 듭니다. 해당 분야의 지식과 경험을 쌓은 사람이니 내가 무조건 배워야 한다고 생각합니다. 겪어보면 꼭 그렇지도 않습니다. 내가 쉽게 아는 것을 모르는 경우도 있습니다. 전문가는 어떤 것을 깊이 알면서 다른 것은 잘 모를 수도 있는, 공부가 치우친 사람이라고 생각했습니다. 자타가 전문가로 인정하는 사람이 상식에 벗어나는 말을 되풀이해서 사회 갈등을 부추기는 일도 흔히 있습니다. "전문가가 어떻게 저렇게 엉뚱한 소리를!"하며 잠시 분노했다가 그냥 접습니다.

저도 전문가입니다. 의과대학 졸업 후에 정신건강의학과 전문의, 수면의학 전문의, 정신분석가로 활동해왔습니다. 신경과 전문의 자격도 있습니다. 그러나 대학병원 6층에서 내려와 땅에 발을 딛고 걸어보니, 세상은 정말 이런저런 것들을 잘 아는 사람들로 넘칩니다. 겸손하게 살기로 다짐했습니다.

전문가가 빠지는 함정은 자신이 알고 있는 것이 전부라는 생각입니다. 다른 분야도 배울 것이 더 이상 없다고 마음을 닫는 배짱 있는 사람도 간혹 있습니다. 배움에는 끝이 없으니 전문가일수록 열린 마음으로 지식과 경험을 쌓아야 하는데 말입니다.

21세기처럼 융합이 중요한 시대에는 더욱 그렇습니다. 익숙해진 것만 고집하고 새로운 것에 눈과 귀를 닫는다면 전문가 명찰을 달았더라도 전문가가 아닙니다. 그 사람에게 의견을 구하는 다수의 사람에게 피해를 끼칠 것입니다.

정신분석가라는 전문가를 마음을 읽어내는 '도사(道士)'로 보실 수도 있습니다. 절대로 아닙니다. 불순한 의도로 그런 체하는 사람을 만나면 조심해야 합니다. 냉철한 객관성이 아닌 온기가 도는 주관성을 다루는 분야여서 직관으로 읽어내는 부분이 전혀 없지는 않으나, 피분석자의 이야기 내용과 형식, 전후관계, 과정, 감정, 말투 그리고 몸짓 등 '객관적'인 자료를 주로 수집합니다. 수집한 자료를 기반으로 마음의 흐름을 해석해서 통찰을 유도합니다. 일종의 '빅데이터'를 활용하는 '근거 중심' 진단 치료의 대표 격입니다.

정신분석가는 '무의식 통역가'이지 도사가 아닙니다. 교분을 맺어온 세계적인 분석가들이 하나같이 솔직하게 말하고 상식적으로 행동해

216

서 놀랐습니다. '깨달아 통하면' 도통한 것처럼 행동하지 않습니다.

정신분석가도 사람이니 갈등에 시달리고 고민하며 삽니다. 이제는 '거울'처럼 피분석자의 마음을 비추는 프로이트 시대의 분석가를 지향하지 않습니다. 분석가의 마음도 꽤 드러내지만 자신의 문제가 피분석자에게 불필요한 영향을 주지 않도록 살핍니다. 분석가가 되려면 수년 동안 교육 분석을 받고, 임상 경험도 지도받는 이유가 다 그렇습니다. 분석가 자격을 얻어도 지식과 경험을 축적하는 데 시간, 돈, 열정을 아끼지 않습니다.

전문가로서의 경험과 정신분석적 관점을 합쳐서 전문가를 감별하는 여섯 가지 기준을 만들어보았습니다. 첫째, 방송이나 신문에 자주 등장한다고 반드시 전문가는 아닙니다. 시간, 돈, 열정을 들여 그 분야에서 쌓은 검증 가능한 전문성이 있어야 합니다. 둘째, 자기 성찰 능력을 갖춘 사람이어야 합니다. 이름을 팔면서 거침없이 말하는 소위 전문가 중에 자신을 돌아보며 역량을 쌓는 사람은 그리 많지 않습니다. 셋째, 솔직한 사람이어야 합니다. 전문가는 자기가 한 말에 책임을 집니다. 틀렸다고 판명이 났어도 변명으로 일관하거나 침묵을 지킨다면 전문가가 아닙니다. 넷째, 상상력을 갖추고 있어야 합니다. 자신의 의견이 앞으로 미칠 영향을 상상할 능력이 없다면 전문성이 부족한 겁니다. 다섯째, 역사 인식이 확실하고 균형감이 있어야 합니다. 시대착오적인 관점을 고집한다면 편견에 사로잡힌 겁니다. 여섯째, 윤리의식입니다. 넘으면 안 되는 선을 지켜야 한다는 말입니다. 개인적 동기나 파당(派黨)의 이익이 아닌 공익을 지키려는 사명감이 있어야 합니다.

다양한 분야의 실력 있는 전문가가 많은 사회는 갈등이 조용히 해소되면서 살기가 편안합니다. 전문가인 척하는 사람이 많은 사회는 갈등이 증폭되어 시끄럽고 살기 힘듭니다. 진정한 전문가의 목소리는 듣기 좋은 소리입니다. 전문가인 척하는 사람이 내는 목소리는 잡음입니다. 잘 구별해서 들어야 마음의 평정을 지키고 이용당하지 않습니다.

망설이지 말고 움직이려면

: 열등감 다루기

삶의 노래는 내가 주역이 되어 불러야 합니다.
망설임은 나의 정체성이 불확실해서 생기는 문제입니다.

새해를 맞으면서 해야 할 일

한 장씩 뜯어내는 일력(日曆)을 좋아합니다. 새해 첫날을 뜯어도 무려 364장이 남습니다. 한 장에 통째로 찍어서 1년 365일이 한눈에 들어오는 달력은 진짜 싫어합니다. 눈을 떼는 순간 한 해가 후딱 지나갈 것 같은 불안을 느낍니다. 나이 들수록 시간의 흐름이 빠르게 느낍니다. 새해 인사를 나눈 것이 엊그제 같은데 연말인 것을 문득 깨닫고 놀랍니다.

'한 해'는 인류가 인위적으로 나눈 시간 단위일 뿐입니다. 한 달, 하루, 한 시간, 1분, 1초 모두 같습니다. '나누기'는 통제 행위입니다. 무거운 물건도 나누면 옮기기 쉽습니다. 음식 만드는 순서를 재료 구입부터 조리까지 나누어 가르치는 이유도 쉽게 보이려는 것입니다. 학교에서 학년을, 학기를 나누는 이유도 공부에 대한 부담을 줄이려는 겁니다.

인생 100년이 눈앞에 한 뭉치로 펼쳐져 있다면 앞이 환히 보일까요? 첫째, 시간의 무게에 눌려서 생각은 마비되고 앞은 오히려 안 보일 것입니다. 불안해하면서 실수할 것입니다. 둘째, 한 번만 실수해도 만회할 기회 없이 100년의 실수가 됩니다. 추가 기회는 없습니다. 100년 인생의 총평이 실패 51퍼센트, 성공 49퍼센트라면 실패로 판정됩니다. 셋째, 애초에 뇌의 정보처리 능력이 부족해서 인생 100년을 한 뭉치로 다룰 수는 없습니다.

시간을 잘게 나누면 관점이 달라집니다. 올해는 나빠도 내년에는 잘될 것이라는 희망이 생깁니다. 시간을 나누면 나눌수록 희망은 늘어납니다. 내년이 아니고 내일은 좋을 것이라는 다짐도 가능해집니다. 오전 오후로 하루를 나누면 오전에 부족해도 오후에 보충하면 됩니다. 매시간을 30분이나 15분 단위로 나누기도 합니다. 예를 들어 분석에 배정하는 시간은 대개 45분입니다. 남는 15분은 자료 정리하고 다음 시간을 준비합니다. 나눗셈을 계속하면 시간의 무한성이 유한성으로 바뀝니다.

시간 나누기는 마음의 평안으로 이어집니다. 평일과 주말을, 근무시간과 퇴근 후를 나누면 구분이 생겨서 행복지수가 증가합니다. 반면 내 시간과 남의 시간, 내 시간과 직장의 시간을 섞어서 살면 불행해집니다.

여섯 번째 판

시간의 단위를 남을 다루는 데 사용하기도 합니다. 누군가 내 마음을 시간에 쫓기게 해서 내가 지갑을 열게 한다면? 조심해야 합니다. 온라인 쇼핑업체의 전략은 소비자의 시간을 최대한 짧게 나누어서 압박하는 것입니다. 할인 행사가 금방 끝난다고 강조합니다. 판매 마감까지 시간이 얼마 없고 재고도 몇 개 없다고 외치며 접속 현황도 보여줍니다. 불안을 최대치로 끌어올리며 마침표를 찍습니다. 이상하게도 할인 행사는 그 뒤에도 되풀이되고 그 물건은 그 날 이후에도 살 수 있습니다.

'올해 마지막 행사'는 아마 정직한 광고일 것입니다. 단, '마지막'이라는 단어가 마치 내년에는 없을 것이라는 환상을 유발해 소비자의 마음에 '마감 시간'의 그림자를 뒤집어씌웁니다. 환상의 힘은 이성의 힘을 제압합니다.

백화점에서도 그러합니다. 사려는 사람이 몰릴수록 심장박동은 빨라지고 혈압이 올라가면서 사지 않으면 큰일 날 것 같은 생각에 시달립니다. 그냥 물러나면 실패자가 될 것 같은 불안을 느낍니다.

마지막 날과 다음 해의 첫날은 단 하루 차이입니다. 그러나 끝과 시작이 주는 심리적 차이는 엄청납니다. 끝나는 날은 뒤돌아보는 시간이고 시작하는 날은 앞을 상상해보는 시간입니다.

뒤돌아볼 일은 이미 일어난 일입니다. 앞일은 아직 일어나지 않은 일입니다. 뒤돌아보기가 훨씬 쉽습니다. 이미 이룬 일은 작게 보이나 이루지 못한 일은 크게 보여서 자신이 자랑스럽기보다는 부끄럽습니다. 사람은 누구랄 것 없이 쉽게 뒤돌아보고 쉽게 후회합니다.

후회의 결정판은 남과 나의 지난해를 뒤돌아보며 비교하고 뉘우치는 것입니다. 비교는 정신적 고통과 열등감을 찍어내는 공장입니다. 어떤 일도 완벽하게 망치기는 어렵습니다. 설령 그렇다고 해도 교훈은 남습니다. 그 교훈을 배워 익히지 못하면 같은 실패를 되풀이합니다. 좋은 교과서처럼 배워서 간직하면 절반은 성공한 것입니다. '실패학' '실패 강연회' '실패 연구회' '실패 박물관'이 시대의 추세입니다.

그래도 올해 미처 이루지 못한 일이 계속 마음을 사로잡고 괴롭힌다면 새해가 오기 전에 내년 365일을 성큼 더해 2년 계획으로 빨리 바꾸어버립시다. 그러면 갑자기 366일의 여유가 생깁니다. 내게 위로가 된다면 좋은 겁니다. 누가 뭐라고 해도.

새해를 맞으면 그 해가 지나기 전에 반드시 무엇을 이루겠다는 결심을 합니다. 이루려고 하면 나눠야 합니다, 할 일도, 쓸 시간도. 마감일을 스스로 정해야 합니다. 마감일은 마음을 쫓는 사냥개입니다. 정 힘들면 불러들여 달래면 됩니다. 마감일을 좀 늦추는 겁니다. 그 정도는 작심삼일(作心三日)이 아니고 융통성입니다.

결심 없는 새해 첫날은 쓸쓸합니다. 취직, 돈, 공부, 만남, 운동, 무엇이든 결심은 좋은 일입니다. 마음을 세우는 것이 결심이라면 일단 세워야 흔들릴 것이라도 있습니다.

너무 애쓰며 매달릴 필요 없습니다. 대충 합시다. 우선 할 일 몇 개를 크게 써서 눈에 잘 띄는 곳에 붙입니다. 흔들리는 마음을 잡는 효과도 있습니다. 그 정도면 시작이 훌륭합니다. 시작이 반!이니 50퍼센트를 성취한 겁니다. 눈앞에 있으면 잊지도 않고 기운도 납니다.

지나간 해에 버리지 못했다면 지금이라도 버릴 것은 자신의 삶에 점수를 매기지 못해 안달하는 버릇입니다. 평소에는 어쩔 수 없다 해도 연말연시라도 풀어진 마음으로 살아봅시다. 쉽지 않습니다. 쉬려고 텔레비전을 틀었더니 '청백전'이 방영되고 있다면? 수면 중인 경쟁의식을 깨우지 않도록 조심해야 합니다.

청팀이든 백팀이든 이기는 사람은 어차피 내가 아닙니다. 대리만족? 어렵습니다! 차라리 누군가의 인생을 다룬 다큐멘터리를 풀어진 마음으로 시청하면서 '인생 한 수'를 배우는 게 낫습니다.

이것저것 다 마땅찮으세요? 그렇다면 살아서 숨 쉬고 있는 사실에 감사합시다. 마음이 불편할 때는 복식호흡을 하면 도움이 됩니다. 제대로 살아보지도 못하고 숨이 멈춰서 세상을 떠나는 사람들이 많습니다. 살아 숨 쉬는 일은 행복 그 자체입니다.

한 시간은 60분, 하루는 24시간, 한 달은 30일, 한 해는 365일입니다. 시간을 나누는 행위는 질서와 통제를 위한 몸부림입니다. 시간은 계단입니다. 밟고 오르면 무엇이 기다리고 있을지를 가슴 조이면서 궁금해합니다. 이것이 긍정적인 삶입니다.

팔자 고치는 법이 궁금하다면

팔자가 '좋다, 늘어진다, 세다, 기구하다'라고 합니다. 일이 안 풀리면 팔자로 돌리고, 팔자를 고치려고 애씁니다. 정 안 되면 팔자에 없다면서 포기합니다. 궁금해서 사전을 보니 '팔자(八字)'는 "사람이 태어난 해와 달과 날과 시간을 간지(干支)로 나타내면 여덟 글자가 되는데, 이속에 일생의 운명이 정해져 있다"라는 말입니다. 믿어지나요? 흥미롭지만 잘 모르겠습니다.

팔자의 개념으로 삶을 해석하려는 전통적 생각은 존중해야 합니다. 정신분석가인 저는 개인의 삶을 작은 이야기들이 모인 복합체, 일종의 '빅데이터' 덩어리로 생각합니다. 분석가는 피분석자의 이야기를 듣고 해석이라고 하는 다른 이야기로 되돌려주는 '빅데이터 분석가'입니다.

분석가가 듣는 이야기는 세 종류입니다. 과거 이야기, 현재 이야기, 미래 이야기입니다. 듣는 이야기로 만족하지 않고 빠졌거나 감춰진

부분을 찾습니다. 모든 이야기의 특성은 보여주는 동시에 숨기고 바꾸는 것입니다. 숨기면 저항이고 모습을 바꾸면 왜곡입니다.

이야기는 기억에서 출발하지만 자신의 모든 것을 기억해내는 사람은 없습니다. 있었던 그대로 기억하지도 않습니다. 그러니 분석을 받는 사람이 처음 하는 말도 원본이 아니고 이미 편집본입니다. 그래서 원본에 접근하려고 자유연상법을 씁니다. 피분석자에게 분석가는 이렇게 말합니다. "떠오르는 대로 거르지 말고 그대로 이야기해주세요."

분석을 원해 찾아오는 이들이 있습니다. 이유의 겉모습은 다양하지만, 간추리면 삶의 어려움이 한계를 넘었거나 삶이 의미를 잃었기 때문입니다. 분석 시작부터 어려운 점은 고치려고 왔지만 '정해진 팔자'여서 소용없을 것이라는 생각도 한다는 겁니다.

분석이 진행되면서, 삶의 어려움을 겪는 원인 중에 자신의 역할도 있다고 서서히 깨닫게 된다면? 제대로 되고 있는 것입니다. 부모나 다른 사람 탓을 하던 버릇에서 벗어나서 원망으로 기억하고 있는 과거를 새롭게 보게 된 것입니다. 깨달음의 과정은 힘들지만 결과는 달콤합니다.

깨달음은 어렵게 찾아옵니다. 기억의 왜곡을 털어내고 삶의 주체가 남이 아닌 자신임을 인식하는 데 시간이 걸립니다. '팔자'는 해, 달, 날,

여섯 번째 판

시간의 축에 의존한다고 하니 나이가 들어도 안 변할까요? 팔자의 의미를 해석하는 관점은 달라질 수 있다고 봅니다. 그렇게 되도록 분석이 도울 수 있습니다. 같은 악보를 같은 연주자가 연주해도 늘 똑같지는 않습니다. 연륜과 마음가짐에 따라 곡 해석과 연주가 달라집니다.

인생은 무대에 올라가 부르다가 끝나면 내려오는 한 편의 노래입니다. 내가 주도할 나이가 되면 내가 선택해야 합니다. 기쁨을 노래하는 장조인가, 슬픔을 노래하는 단조인가.

곡이 부실해서 아름다운 노래를 부를 수 없다고 불평만 하며 살려고 하시나요? 그러면서 목소리도 다듬지 않는다면? 짧은 공연 시간이 허망하게 사라질 겁니다. 본인도 참여해 쓴 곡을 다른 사람이 전부 쓴 것으로 여긴다면 설상가상입니다. 그러니 불평을 그치고 목소리를 다듬고 바른 자세로 서서 최선을 다해 노래를 불러야 합니다. 정 마음에 안 드는 곡이라면, 편곡을 할 생각은 왜 안 하나요?

인생 무대에도 '무대 공포증'이 있으니 '징크스'를 피해 겨우 올라갔다면 힘을 빼고 부르면 됩니다! 불안이나 두려움은 근육을 긴장시켜 자연스러운 발성을 방해합니다. 목에 힘을 주며 질러봤자 노래의 아름다움은 사라집니다. 버려야 얻습니다.

분석이 결실을 맺으려면 시간이 걸립니다. 밝게 살려는 마음이 있다 해도 이미 어두움에 익숙합니다. 변화는 두렵습니다. 변화를 거부하고 변화를 돕는 사람에게 저항합니다. 두려움을 감추려고 분석가를 비난하고, 다가오지 못하게 막습니다. 내 삶의 목소리를 낼 것인가, 막을 것인가? 과거에 매이면 쥐어짜는 소리가 납니다. 내 인생의 노래는 '거짓 나'가 아닌 '참 나'가 주역을 맡아 새로 편곡한 악보에 맞춰 불러야 합니다. 분석이 무르익으면서 왜곡된 기억이 제 모습을 찾고, 내 삶과 내가 맺은 관계가 새로워집니다. 내가 부르는 노래가 달라집니다.

흔들리는 삶의 책임은 궁극적으로 내게 물어야 합니다. 쉬운 방법은 부모나 남에게 책임을 돌리는 것이나 그렇게 하는 한 행복은 멀리 있습니다. 남 탓을 하는 투사라는 방어가 힘든 마음을 잠시 달래주기는 합니다만, 문제를 해결해주지는 않습니다. 공회전하는 삶은 내 책임입니다. 운전석에 앉아 있는 사람이 바로 나이기 때문입니다. 그 점을 깨달으면 길이 보입니다.

감나무 아래에 누워서 온종일 감이 입으로 들어오기를 기다린다면? 비웃음을 살 겁니다. 설령 감이 떨어진다고 해도 엉뚱한 데 떨어져 먹지 못할 겁니다. 아니면 감나무 가지에 앉은 까치가 포식하는 광경을 무력하게 지켜볼 뿐입니다.

내 팔자는 내가 고치는 것입니다. 팔자를 바꾸려면 삶의 개정판을 써야 합니다. 내 이야기를 털어놓는 버릇을 우선 들입시다. 할 이야기가 있는데 참거나 미적거리면 때를 놓칩니다. 이야기는 믿는 사람에게 해야 합니다. 가까워도 입이 가벼운 사람은 절대 기피할 대상입니다. 내 이야기를 여기저기 옮기면 돌이키기 어려운 상처를 받습니다. 가장 안전한 말 상대는 비밀 보장 훈련을 받은 전문가입니다.

여건이 안 되면 내가 나에게 자주 이야기를 거는 것도 방법입니다. 독백형 질의응답입니다. 처음에는 별로 할 이야기가 없을 것 같아도 하다 보면 할 이야기가 생깁니다. 황당무계한 이야기로 시작해도 됩니다. 예를 들어, 혹시 내가 전생에 별에서 지구로 왔을까? 그렇다면 언제까지 사람인 척하며 살아야 하나? 나는 누구인가? 이야기가 입에 붙으면 무의식으로 가는 통로인 전의식(前意識)이 확장되면서 삶의 의미가 인지되고 정리됩니다. 이야기는 사람을 키웁니다.

자문자답이 쑥스러우면 일기 쓰기를 권합니다. 물론 '날씨 맑음. 맛있는 것을 먹었다. 행복했다…' 식은 아닙니다. '오늘 내가 한 일을 돌이켜본다. 그의 말에 왜 그렇게 예민하게 반응했을까? 내 자존감을 건드려서일까? 그렇다고 해도 쉽게 다른 사람의 말에 상처받는다면 진정한 의미의 자존감이 아닐 것이다. 내 자존감이 혹시 남들의 평가와 같은 허약한 기반 위에서 흔들리고 있나? 어떻게 하다가 나는 그렇게 됐을까? 앞으로 내가 풀어야 할 내 삶의 큰 숙제는…' 이런 식으로 때마다 쓴다면 자기 성찰이 습관이 되고 삶의 무게가 덜어집니다. 행운을 빕니다!

인생의 돌멩이를 어디로 보낼까

동계올림픽 중계로 컬링 경기를 처음 접했을 때, 그저 그랬습니다. 이 상한 경기도 다 있구나. 어려서 바둑판 위에 검은 돌과 흰 돌을 늘어놓고 하던 '바둑돌 따먹기'를 얼음판 위로 옮긴 것 같았습니다. 그러다가 우리 여자 대표팀이 세계적인 강호들을 연파하자 빠져들었습니다. 삶이 그 안에 녹아 있다고 깨달습니다.

컬링 경기는 삶의 축소판입니다. 직사각형 빙판 한쪽에 동심원으로 그려진 '하우스'가 목표이고 그 안에 우리 팀의 스톤을 넣어 득점하는 방식으로 진행됩니다. 승리로 가는 길은 춥고 미끄럽습니다. 전략과 전술과 기술을 활용해서 상대보다 더 빨리 '하우스'의 중심을 차지해야 합니다. 변두리로 밀려나면 마음이 아픕니다.

컬링 경기의 규칙과 기회는 공정하고 냉정합니다. 내 돌로 남의 돌을 없애려면 냉정해야 합니다. 정 안 되면 '나도 죽고 너도 죽는 전술'도 씁니다. 생존 경쟁을 이렇게 적나라하게 표현하는 운동이 또 있을까요? 보고 있으면 살아온, 살아갈 인생이 눈앞에 파노라마로 펼쳐집니다.

개인 간의 다툼인 바둑이나 체스와 달리 컬링은 개개인 선수의 능력이 합쳐진 팀워크가 좋아야 이깁니다. 보고 있으면 잘 자란 자식들이 부모의 뜻을 받들어 가문을 빛내는 장면이 떠오릅니다. 공동체의 가치를 높이 받드는 문화에서는 국민 스포츠로 각광받을 것 같습니다.

마음은 태어나서 죽을 때까지 '성장 이정표'를 따라 움직이는데, 영어 단어 '이정표(milestone)'에 '돌(stone)'이 들어 있습니다. 살면서 누구나 두 종류의 돌을 만납니다. 디딤돌과 걸림돌. 디딤돌은 딛고 일어서도록 삶을 돕습니다. 걸림돌은 걸려서 넘어지니 삶에 상처를 줍니다. 살아보니 디딤돌도 사람이고 걸림돌도 사람입니다.

순탄하고 편안하게 살려면 디딤돌은 활용하고 걸림돌은 피해야 합니다. 사람들은 디딤돌로 쓰려고 혈연, 지연, 학연에 매달립니다. '아빠 기회' '엄마 기회'는 당연하고 향우회, 동문회, 지역 기반 정치는 21세기에도 여전히 힘을 씁니다. 걸림돌을 피하는 가장 좋은 방법은 걸림돌을 찾아 부수는 겁니다. 디딤돌은 캐내고 걸림돌은 부수려고 삽과 망치가 내는 소리는 오늘도 요란합니다.

컬링에서 상대 팀이 쓰는 '가드'는 우리 팀 스톤이 중심으로 진입하는 것을 방해합니다. 삶의 걸림돌과 같습니다. 비켜서 돌아가려면 빗질을 열심히 해야 합니다. 아니면 정면 승부로 쳐내야 합니다. 좌절을 딛고 새 삶을 찾으려면 걸림돌을 돌아가거나 없애는 지혜가 필요합니다. '빗질'의 고통을 감수해야 합니다.

부모 뜻대로 자식이 살기를 강요한다면 좋은 의도여도 부모가 걸림돌이 됩니다. 자식이 부모를 계속 디딤돌로 쓰려 한다면 자식이 걸림돌이 됩니다. 부모도 자식도 사람이고 자신들만의 방식으로 하고 싶은 일들이 많습니다.

부모의 재산을 두고 자식들이 다투는 일은 컬링에서 주변부로 밀려나지 않고 중심을 차지하려는 것과 같습니다. 밀려나면 자존감 추락은 물론이고 재물을 잃으니, 피를 나눈 사이에도 치열하게 다툽니다.

마당의 디딤돌을 딛고 걸림돌을 피해 가면, 집의 주춧돌에 다다릅니다. 온몸으로 무게를 버텨내는 주춧돌이 없으면 기둥도 없고 집도 없습니다. 집 구경 온 사람들은 단청의 화려함에 빠져 주춧돌에는 무관심하지만, 주춧돌이 빠지면 지붕이 무너져서 다칩니다. 평생을 주변부에 머물지만 주춧돌은 말없이 잠잠합니다. 불평하지 않습니다. 불에 탄 유적터에도 홀로 남아 역사를 증언합니다. 사람은 주변부로 밀려나면 좌절하고 상처받고 불평합니다. 참지 못하면 극단적인 선택을 합니다.

마무리 한 방의 기회가 인생에 있다면 복 받은 겁니다. 꾸준히 준비해야 그런 기회를 얻습니다. 기회가 없다면 컬링처럼 이번 판은 빨리 포기하고 정리해도 좋습니다. 매달리지 말고 패배를 받아들이면 다음 판에서 잘할 수 있습니다.

이기는 것만이 전부는 아닙니다. 다른 사람들에게 봉사하는 인생을 사는 사람은 이미 봉사 자체로 자신과의 경쟁에서 '하우스'를 차지한 것입니다.

망설임과 신중함

인생은 선택이고 선택은 반복됩니다. 다소 과장해서 예를 들겠습니다. 사지선다형 문제를 풀며 자랍니다. 이과, 문과도 선택해야 합니다. 배우자 선택도 인물, 학력, 조건 등을 보고 선택합니다. 직장도 연봉 수준인가 장래성인가를 두고 선택합니다. 그런데 선택 사항 모두에 내가 끌리는 장점이 비슷비슷하게 있다면 정말 고민거리입니다.

사람은 크게 '신중파'와 '적극파', 둘로 나눕니다. 신중파는 생각이 조심스럽고 선택의 발걸음이 무겁습니다. 깊게 또 깊게 생각하면서 생각이 숙성될 때를 기다렸다가 결정합니다. 결정한 후에도 신중하게 행동으로 옮깁니다. '돌다리도 두들겨보고 건너고' '아는 길도 물어 가는' 사람입니다. 적극파는 오래 생각하는 것을 싫어합니다. 선택의 발걸음이 경쾌합니다. 선택 즉시 행동합니다.

그 어느 쪽에도 속하고 싶지 않은 사람도 있습니다. '중간파'입니다. 망설이며 삽니다. 이리저리 생각만 하면서 머뭇거리다가 선택도 행동도 못 합니다. 내 마음대로 살 것인가, 아니면 남들이 하는 것을 따를 것인가? 어렵게 결정해놓고 또 망설입니다. 인간은 사회적 동물이니 남들의 눈치를 보기 마련이라는 이상한 핑계를 댑니다.

정반대 편에는 정말 영리한 사람도 있습니다. '소신 따로, 행동 따로'를 삶의 전략으로 선택합니다. 시류에 편승하고 영합해서 사는 겁니다. 다른 사람들이 비판하겠지만 자신의 입장에서는 마음의 갈등을 최소화할 수 있는 방식을 선택한 겁니다.

'망설임'은 이리저리 생각만 하고 결정하지 못하는 것입니다. 망설임은 '양가감정'과 통합니다. 양가감정은 '같은 일, 사람, 대상에게 서로 반대되어 어긋나는 감정을 느끼는 상태'를 말합니다. 두 마음이 부딪히면 봐야 할 것을 못 봅니다.

어떨 때 망설일까요? 첫째, 낯선 것이 두려우면 주저합니다. 낯선 사람, 낯선 일, 낯선 곳은 두려움의 대상입니다. 둘째, 실패를 걱정해도 머뭇거립니다. 셋째, 자율성이 부족해도 망설입니다. 남들의 눈치를 본다는 말입니다.

살면서 작고 큰 결정의 순간과 마주합니다. 문제는 시간입니다. 시간은 통제 불가능이지만 결정은 통제 가능합니다. 때로 서둘러 결정해서 결과가 나빠도 망설이며 손도 못 댄 것을 후회할 일은 없을 것입

여섯 번째 판

니다. 망설이다가 어려운 처지에 빠지면 판단력이 더 떨어져서 계속 머뭇거리게 됩니다.

망설임의 뿌리는 내가 스스로 정한 마음의 틀입니다. 어떻게 극복해야 할까요? 자신에게 솔직해야 합니다. 망설임을 지키는 '신중함의 가면'을 벗기고 마음을 노출시켜 들여다봅니다. 초자아의 명령 때문에 주저했나요? 초자아를 달래야 합니다. 자아의 활력이 떨어져서 욕망, 초자아, 현실 사이에서 중재를 못 했나요? 그랬다면 자아의 에너지를 충전해야 합니다.

속이 빈 골다공증처럼 부족한 자신의 능력이 세상에 노출되는 것이 겁나서 망설인다면 인정하고 보완해야 합니다. 반면 준비 없이 갑자기 적극적이 되면 실수합니다. 어설픈 목수가 연장도 제대로 갖추지 않고 집을 고치겠다고 나선 것과 같습니다. 그러면 마음의 현장이 혼돈에 빠집니다.

사람들은 현실 여건을 탓하며 신중해야 한다고 주장합니다. 불확실성을 불안해하는 것입니다. 현실보다는 자신의 정체성 문제가 큽니다. 내가 누구이고 무슨 일을 어떻게 하고 싶다는 생각이 정리가 안 되어 있으니 불안한 것입니다.

생각의 속박에서 벗어나 행동하는 적극성을 어떻게 키워야 할까요? 일상에서 습관으로 키워야 합니다. 망설임의 대상을 누구나 할 수 있는 일상의 일로 바꿔서 매일 조금씩 실행하고 쌓아나가면 망설일 필요가 없어집니다. 아무도 양치질이나 세수를 망설이지 않는 것과 같습니다.

베스트셀러 작가가 되기를 원하시나요? 일어나자마자 앉아 공책을 펴고 한 문장을 쓰는 것으로 시작합시다. 책은 장, 장은 쪽, 쪽은 문단, 문단은 문장, 문장은 단어의 모음입니다. 그러니 모든 책은 첫 단어 하나에서 시작해 끝 단어 하나로 끝납니다. 이렇게 간단합니다.

오늘 아침에 몇 단어, 몇 문장만 써도 성공한 겁니다! 아직도 생각만 하고 계신가요? 시간이 흘러갑니다. 무조건 책상 앞에 앉아 손가락을 움직이고 생각은 나중에 하면 됩니다.

망설임을 치료하는 가장 좋은 약은 몸의 움직임입니다. 마음이 몸을 움직이고 몸이 마음을 움직입니다. 동작으로 무의식에 신호를 보내면 망설임이 줄어듭니다. 앉으면 거침없이 쓰게 됩니다. 반복하면 습관이 되고 습관이 되면 '자율주행' 합니다.

열등감과 열등감 이론

1870년 오스트리아-헝가리 제국의 수도, 빈 근교 출생입니다. 병약했습니다. 걷다가 뼈가 부러지는 병으로 집 안에서 지냈습니다. 창밖에서 친구들이 노는 모습이 부러웠습니다. 떼를 써서 밖에서 놀다 보니 병이 나았습니다. 폐렴에 걸려 겨우 살아났을 때 의사가 되기로 결심했습니다. 빈 의과대학을 졸업했습니다.

안과 의사, 일반 의사를 하다가 정신과에 흥미가 생겼습니다. 정신분석학 이야기를 듣고 프로이트 박사 모임에 들어갔습니다. 머물렀다면 후계자가 되었을까요? 박사와 나는 성격부터 너무 달랐습니다. 어긋나는 이론을 주장하다가 쫓겨날 지경이 되었습니다. 내 발로 떠나서 내 학파를 세우고, 벗어난 자유를 기념해 '자유정신분석 연구학회'라고 했습니다. '정신분석'이 들어간 명칭을 박사가 반대해서 '개인심리학'으로 바꿨습니다. 내 이름은 알프레드 아들러입니다.

아들러 이론의 뿌리는 열등감입니다. 병약했던 그와 달리 형 지그문트 아들러(Sigmund Adler)는 힘이 세고 체격이 컸습니다. 사업에 성공해서 동생에게 돈도 보태주었습니다. 아들러가 추종했다가 결별한 프로이트 박사의 이름도 '지그문트'입니다. 그러니 아들러가 형과 프로이트 박사에게 느낀 열등감이 '열등 콤플렉스' 연구로 이어졌다고 해석됩니다.

열등감은 무조건 나쁠까요? 열등감의 힘이 삶을 긍정적으로 이끌기도 합니다. 아들러도 열등감을 극복하려는 노력의 혜택을 자신이 직접 누렸습니다.

아들러는 젊어서 사회적 약자의 건강과 복지에 관심이 많았습니다. 곡예단 단원 같은 사람들을 주로 진료했습니다. 상류층을 상대한 프로이트와 생각이 달랐습니다. 프로이트는 아들러가 사회주의에 관심이 있는 점을 싫어했습니다.

프로이트는 개인의 무의식과 내면의 갈등에 관심을 두었지만, 아들러는 사회적 문제인 아동 교육, 사회 평등, 여성 권리 증진에 관심이 컸습니다. 결혼도 러시아 출신으로 사회 참여에 적극적이던 유학생과 했습니다. 결혼생활은 평탄하지 않았고 부부 사이는 멀었습니다. 딸과 사위는 시베리아의 집단수용소에서 목숨을 잃었습니다.

아들러는 프로이트처럼 되기를 소망했지만, 빈 의과대학 정신과 교수가 되지 못했습니다. 좌절감을 안고 떠난 미국에서 주로 교육학이나 사회사업학 분야에서 가르쳤습니다. 일반인 대상 강연도 부르면 가리지 않고 달려가 개인심리학을 알리는 데 힘을 쏟았습니다. 대중 강연을 잘했고 좋아했습니다.

무리하게 활동하던 아들러의 건강은 점점 나빠졌습니다. 1937년 스코틀랜드의 작은 도시에서 강연과 세미나를 강행하다가 호텔 앞에서 심장 발작으로 쓰러졌습니다. 67세였습니다.

14년이나 위인 프로이트는 아들러의 죽음에 대해 냉소적으로 언급했습니다. 프로이트도 2년 뒤에 구강암이 재발해 안락사를 택했습니다. 그래도 아들러보다 16년을 더 살았습니다.

아들러를 둘러싼 불행의 그림자는 죽은 뒤에도 그를 놓아주지 않았습니다. 유골 화장 항아리는 거의 74년 만에 에든버러에서 발견되었고, 그제야 고향 빈으로 돌아가 묻혔습니다.

아들러의 삶을 열등감을 극복하려고 경쟁심에 싸여 무리하다가 마감한 삶이라고 단순하게 말할 수 있을까요? 수용소에서 비참하게 죽은 딸은 가슴에 묻었지만, 아들러의 다른 자식들은 잘 자라주었습니다. 자랑스러울 것입니다. 프로이트의 정신분석학 정도의 큰 성공은 거두지 못했으나 개인심리학도 심리학의 주요 분야로 인정받고 있습니다. 관련 학회와 학술지도 생겼습니다. 아들러와 개인심리학을 소개하는 책들은 오늘날에도 널리 읽힙니다. 그의 이야기가 아직도 사람들의 삶에 영향을 주고 있다면 그는 잊힌 존재가 아닙니다.

아들러 자신도 자신의 정체성을 강조한 바 있습니다. 한때 프로이트와 같이 일했지만 절대로 제자가 아니라고 밝혔습니다. 프로이트와 달리 무의식보다는 의식을, 개인보다는 사회를, 남녀의 평등을, 교육의 중요성을, 가정과 사회가 아름다운 세상을 평생 추구했음을 자랑스러워했습니다. 여러분이라면 아들러와 프로이트 중에서 누구의 삶에 손을 들어주겠습니까?

아들러에 대해 이렇게 비판합니다. "무의식을 다루지 않고는 의식이 달라질 수 없다. 개인이 모여서 사회를 이루니 일단 개인의 정신건강이 출발점이 되어야 한다. 여성에 대한 정신분석학 이론의 오류는 이미 수정된 바 있다. 교육만으로 정신분석의 장점을 대체할 수는 없다. 가정과 사회가 모두 아름다운 세상은 이상과 목표가 될 수는 있지만 현실은 다르다. 개인이 지닌 갈등을 해소하는 것만이 현실적인 대안이다."

이런 말로 비판할 수도 있을 것입니다. "아들러 박사, 당신 삶의 행적을 분석해보면, 당신조차 당신의 무의식이 자신의 삶에 결정적인 영향을 끼친 것을 부정하기 어렵지 않소?" 피를 나눈 형 지그문트 아들러와 지그문트 프로이트 박사에게 느꼈던 열등감에 대해 아들러는 뭐라고 답할까요?

인간은 자신의 열등감으로부터 벗어나기 어렵습니다. 내 마음 안에서 열등감은 크고 작은 파동을 부지런히 일으킵니다. 벗어나려고 발버둥 치면 오히려 말려들어갑니다. 열등감은 나를 남과 비교해서 생깁니다. 그러니 오직 나를 위해 사는 이기적인 삶이 아닌, 남을 배려하는 이타적인 삶을 산다면 열등감을 우월감으로 승화시킬 수 있을 것입니다. 그런 면에서 알프레드 아들러의 삶에서 배울 것이 많습니다.

마음의 갑을관계

모시고 일하던 분이 말씀하셨습니다. "자네는 왜 그렇게 생각이 복잡한가!" 그 순간 내 생각이 정말 복잡한 줄 알았습니다. 방으로 와서 곰곰이 생각해보았습니다. 정작 생각이 복잡한 사람은 내가 아닌, 내 생각이 복잡하다고 한 그분이었습니다. 당시 그분은 어떤 일을 오래 미루고 계셨고, 그 일에 관해 그날 그 자리에서 말씀드렸던 내 말을 듣고서 그분의 생각이 복잡해진 것입니다. 그런데 왜 나는 잠시나마 도리어 내 생각이 복잡하다고 느꼈을까요? 강요받은 것도 아닌데 말입니다.

내 생각이 복잡하다고 스스로 느낀 것은 내가 그분이 던진 말을 덥석 받아서 그 말의 내용과 동일화했기 때문입니다. 그분이 내게 말을 던진 행위는 투사이고, 내가 그 말을 받아 내 생각이 복잡한 것처럼 느낀 것은 동일화입니다. 이를 정신분석학에서는 '투사 동일화'가 작동했다고 풀이합니다. 동일화를 안 했다면 단순 투사로 끝났을 것입니다. 그랬다면 나는 "별 이상한 말씀을 다 하시네. 원래 그러시기는 하지"라며 신경 쓰지 않고 넘어갔을 것입니다.

그분은 도대체 왜 그러셨을까요? 그날 내가 드렸던 말씀이 불편하셨을 것입니다. 사람은 불편한 말을 들으면 받아들이기보다는 밖으로 내보내려고 합니다. 입에 안 맞는 음식이 입에 들어오면 뱉어버리는 것과 같습니다. 자신이 책임져야 할 것 같을 때, 최선책은 상대의 책임으로 돌리는 것입니다. 내 책임인 줄 알아도 남에게 떠넘기면 속이 시원합니다. 뒤집어쓰는 상대는 억울하겠지만 모르고 지나가기도 합니다. 미운 사람에게 그렇게 하면 기쁨은 두 배입니다.

'남 탓'이라는 일상용어를 분석용어로 바꾸면 '투사'입니다. 안의 것을 밖으로 던지는 행위입니다. 스스로 인정하고 싶지 않은 감정, 욕망을 남에게 화살처럼 '쏘아서' 던짐으로써 자신을 정당화하는 것입니다. 내 마음이 나도 모르게 그렇게 합니다.

투사의 세계에도 등급이 있습니다. 내가 책임지기 싫어서 하는 '남 탓' 정도는 보통 등급입니다. 위에서 예를 든 '투사 동일화'는 투사와 동일화가 합쳐진 상위 등급으로 단순한 '남 탓'이 아닌 '뒤집어씌우기' 입니다.

'투사 동일화' 개념은 영국 정신분석가 멜라니 클라인이 도입했습니다. 클라인은 프로이트의 무의식을 무의식적 환상으로 대체하며 정신분석학의 새 장을 열었습니다. '투사 동일화'는 무의식적 환상 속에서 상대를 통제, 소유하거나 해치려는 목적으로, 내가 가진 것을 상대의 마음에 적극적으로 들여보내는 행위입니다. 투사가 상대에게 흉기를 투척하는 것이라면, 투사 동일화는 내가 던진 흉기로 상대가 스스로 다치도록 하는 겁니다. 투사보다 마음에 상처를 더 심하게 입힙니다.

투사를 무기로 써서 자신의 허물이나 책임을 남에게 돌리는 사람이 많습니다. 그중 수가 높은 사람은 투사는 물론, 투사 동일화로도 선수를 칩니다. 깜짝 놀랄 솜씨로 구사하는 투사 동일화의 대상이 되면 나도 모르게 남의 잘못이 내 잘못인 것 같은 착각에 빠져 죄책감에 시달립니다.

피할 방법이 있을까요? 나를 비난하며 책임을 묻는 말이 설득력 있게 들리면 당장 마음을 가다듬어야 합니다. 심호흡 세 번으로 뇌에 산소를 공급한 후에 느낌에 휘둘리지 말고 냉철하게 자신에게 물어야 합니다. 내가 상대에게 같은 이야기를 해도 맞아떨어지는 말인가? 그렇다면 상대가 책임져야 할 것을 내게 던졌을 가능성이 큽니다. 객관적인 사실과 자료를 기반으로 책임을 가려야 합니다. 얼떨떨한 정신으로 그냥 넘어가면 후회합니다.

투사 동일화를 애용하는 사람은 독특하고 교묘한 논리를 씁니다. 반박의 여지가 쉽게 보이지 않습니다. 경쟁력 있는 논리 체계를 세워야 순발력 있게 대처할 수 있습니다. 아니면 한 번의 공격에도 힘을 못 쓰고 당합니다. 함정에서 못 빠져나오면 계속 시달립니다. '마음의 갑을관계'가 굳어지기 전에 뒤집으려면 마음 공부가 필요합니다.

갈등 없는 삶을 꿈꾼다면

정신분석은 갈등 해소를 목표로 삼아왔습니다. 갈등(葛藤)이라는 단어는 '칡과 등나무'라는 글자에서 왔습니다. 개인이나 집단 사이에서 목표, 이해관계가 서로 다르면서 얽혀서 적대시하거나 충돌하는 상태입니다. 두 가지 상반된 요구, 욕구, 기회, 목표 사이에서 선택을 못 하고 괴로워하는 상황입니다.

정신분석학은 무의식 수준의 갈등을 주로 이야기합니다. 갈등을 레이더 탐지가 어려운 다양한 기종의 스텔스 전투기 같다고 봅니다. 갈등이 마음을 뒤흔들면서 현실을 판단하는 데 장애가 오면 심한 정신장애도 생깁니다.

갈등은 무의식에 숨어 있기에 찾기 어렵습니다. 계속 움직여서 더 그렇습니다. 금지된 것을 소망하는 갈등은 불안을 낳고, 불안은 방어기제와 만나 증상을 낳습니다.

분석가의 '갈등 탐지기'는 '자유연상법'입니다. 마음에 떠오르는 생각을 있는 그대로 모두 말하도록 하는 것입니다. 말은 쉽습니다. '교육 분석'을 받았던 경험을 돌이켜보아도 전혀 쉽지 않았고 늘 가능하지도 않았습니다. 때로는 숨기려고 애썼고, 말하더라도 동반된 감정은 숨겼습니다. 분석 비용을 지불하고 얻은 내 마음의 '금(金)'을 캐는 시간이 흘러가니 숨기려는 마음과 말하려는 마음 사이의 다툼은 치열했습니다.

정신분석학을 '갈등심리학'이라고 불러왔지만 이제 갈등의 독점적 위치는 흔들립니다. '자기심리학'은 자라면서 겪은 '자기대상'의 부족함을 보충하는 작업이 중요하다고 주장합니다. '관계 정신분석학'은 관계의 경험에 기반을 둔 작업의 가치를 강조합니다.

프로이트의 시간이 지나버린 21세기 정신분석에서 '갈등 해소'가 으뜸가는 자리를 지킬 수 있을까요? 이제는 이렇게 말합니다. 마음에서 갈등을 지우고 다시 생기지 않도록 하는 일은 불가능하다. 무리해서 그렇게 하다가 불필요하게 저항이 생기면 분석이 멈출 수 있다. 그러니 갈등을 녹여 없애려 하기보다는 있는 그대로 받아들이면서 적응에 도움이 되는 타협 방법을 찾아야 한다.

사랑과 미움을 같은 사람에게 동시에 느낀다면 갈등 상태입니다. 갈등을 해소하려면 상반되는 감정 중 하나를 없애야 한다고 생각하기 쉽습니다. 그런데 왜 사랑과 미움이 공존하는 상태를 허용하면 안 되나요? 자연스러운 것 아닌가요? 갈등의 정체와 의미를 이해하고 갈등과 공존하는 힘을 기르면 해법이 보입니다.

갈등 없는 삶을 꿈꾼다면 삶 자체를 부정하는 것입니다. 갈등은 늘 곁에서 마음을 뒤흔듭니다. 삶에는 굴곡과 매듭이 있습니다. 매듭 덕분에 키가 크고 굵어지는 대나무처럼 어려움을 이겨내야 마음의 힘이 성장합니다. 매듭 없는 삶을 꿈꾼다면 환상입니다. 때로는 환상이 삶을 더 힘들게 합니다. 삶은 그저 이겨내는 것입니다.

정신분석의 눈으로 보면 사회적 갈등의 대처법도 그리 다르지 않습니다. 성급하게 처방을 내리려고 하기보다는 갈등의 정체를 객관적으로 깊게 넓게 이해해야 합니다. 진보와 보수의 성향은 특정인에게만 있는 것이 아닙니다. 한 사람의 성격 안에도 진보적 성향과 보수적 성향이 공존합니다. 단지 비율의 차이일 뿐입니다. 남성에게 여성적인 면이, 여성에게도 남성적인 면이 있는 것과 같습니다. 그러니 기를 쓰고 한쪽을 없애려고 서로 공격한다면 저항과 다툼은 당연하고, 정말 어리석은 일입니다. 깊게 보면 내가 나서서 나를 부정하고 나를 파괴하려는 자기 부정과 자기 파괴 행위입니다.

갈등을 다루는 방식은 정신분석에서도, 사회문제에서도 청산이 아

여섯 번째 판

닌 포용이어야 합니다. 없앴을 수 있는 일이 아니기 때문입니다. 나무가 아닌 숲을 보아야 합리적이고 발전적인 타협책이 나옵니다.

다른 사람과의 경계선 지키기

: 공격성 다루기

내 안에 어떤 공격성이 있는지,
어떻게 공격성을 표출하는지 들여다봅시다.
공격성을 남용하면 삶의 목표를 이루는
에너지가 사라집니다.

수치감을 강요해도 되나요

케이블방송에 '정신분석 채널'이 생긴다면 첫 방송에 '수치감과 죄책감'을 특집으로 다루었으면 합니다. 채널 수가 400개도 넘고 분야도 다양하지만 아직은 먼 꿈입니다. 한 사람 한 사람이 자신의 마음을 잘 이해한다면 세상이 조금 더 편안해지고 행복해질 수 있을 것 같은데 안타깝습니다.

간혹 국회 청문회 방송을 보면서 정신분석 채널 설립을 위한 타당성 검증자료로 쓰이면 어떤 결론이 날까, 엉뚱한 상상을 합니다. 사람의 마음, 특히 공격성이 적나라하게 노출되는 장면을 장시간 실황 중계해주기 때문에 도움이 될지, 방해가 될지 솔직히 자신 있는 말은 못 하겠습니다.

여하튼 보고 있으면 마음이 불편하면서도 흥미진진합니다. 그렇게 격렬하게 다투고 있는 진실이 무엇인지 정말 궁금해집니다. 심리 방어기제를 생생하게 명확하게 관찰하고 학습할 수 있는 임상교육적 가치가 교과서보다 더 커서 도움이 많이 됩니다.

기대와 달리 '공식적인 진실'은 밝혀지지 않습니다. 질문과 답변이 이어지고, 말과 행동을 주고받지만 진실은 안갯속입니다. 증인이 하는 말의 겉과 속을 조리 있게 살피고 탐색하는 데 필요한 전문성이 부족합니다. 떠들썩하기만 합니다. 고함으로 버무린 폭력적 언어가 시청자의 마음에 새겨져 오래간다면 정신건강에 해로우니 크게 염려가 됩니다.

질문자의 소속이 여당인지 야당인지에 따라 보호본능과 공격본능이 아주 다르게 표출됩니다. 세심하게 들어야 합니다. 증인의 생존본능이 표현되는 패턴도 세밀하게 살필 부분입니다. '진실'이 밝혀지지 않아도 실망하지는 않습니다. 이미 볼만큼 보고 알만큼 알았습니다. 아무리 가리고 숨겨도 다 보입니다.

청문회를 '정신분석 채널'이 중계한다면 이렇게 할 겁니다. 우선 청문회장의 전체 광경을 카메라에 담습니다. 사람과 환경의 상호작용을 탐색하는 겁니다. 증인들은 다소 긴장하고 풀 죽은 모습으로 앉아 있고, 여야 의원들은 전투에서 서로 대치한 것 같은 형국입니다. 좁은 공간에 방송국 카메라맨, 사진기자, 취재기자가 들어차 있습니다.

위원장이 청문회의 엄중함을 설명한 뒤에 의원들의 의사진행 발언이 바쁘게 이어집니다. 가끔은 의사진행 발언이 마치 의원 개인의 홍보 시간인 것같이 느껴집니다. 광고 시간이 끝나야 드라마를 볼 수 있는 것처럼 말입니다.

불출석 증인들에 대한 동행 명령장을 국회 경위들에게 전달하는 '행사'는 왜 꼭 화면에 보여주는지 궁금합니다. 당연한 행정절차를 정치적 메시지를 전달하는 장면으로 연출하려는 의도가 엿보입니다.

증인 대표의 선서가 있고 질문과 답변이 연속됩니다. 불출석한 증인들의 빈자리가 썰렁합니다. 출석한 증인들은 불출석 증인들 때문에 재수 없게도 자신에게 질문이 쓸데없이 더 오래, 여러 번 쏟아질 것을 걱정하고 있을 겁니다.

증인은 모르겠다는 답변으로 일관하고 의원들의 목소리는 높아집니다. 제한 시간을 넘기고 마이크가 꺼집니다. 몰라서 모른다고 하는 것과 거짓말의 경계는 희미합니다. 증인은 억울해하고 위원들은 분노합니다. 질문의 창이 날카로워질수록 방패도 강해집니다. 앗, 의원들이 깨달은 것 같습니다. 단단한 방패를 뚫을 수 있는 무기가 무엇인지를. 수단과 방법을 가리지 않고 수치감을 유발하는 것이 최상이라고 판단한 것 같습니다.

서양의 '죄책감 문화'와 달리 대한민국은 '수치감 문화'입니다. 한국인은 누군가 잘못을 저질렀을 때 책임을 묻기보다는, 일단 수치감을 느끼도록 하는 것이 의미 있는 징벌이라고 생각합니다.

수치감으로 징벌하려는 의도는 오줌싸개를 다룬 전통 방식에서 명확하게 뿌리를 찾을 수 있습니다. 오줌을 싼 어린아이에게 이불을 빨아서 책임지도록 하면 될 것을, 키를 쓴 채 동네를 돌며 소금을 얻어 오게 해서 창피를 준 것입니다.

죄에 대한 법적 책임을 따져야 하는, 조선 시대도 아닌 21세기에, 망신을 주고 수치감만 유발시켜서 얻는 효과는 미미합니다. 증인은 그 시간만 무사히 넘기려고 방패를 더 단단히 잡습니다.

현대 사회에서 오줌싸개 어린아이를 '키를 쓰고 소금 얻어 오는' 전통 방식으로 벌한다면 '아동 학대'입니다. 청문회 증인을 수치감으로 몰아붙이면 아무리 박수를 받아도 감정적인 학대입니다. 논리적인 질문으로 위장해도 속에 그런 감정이 담겨 있으면 그렇습니다.

청문회장은 가학증을 표출해도 되는 자리가 아닙니다. 그러나 현실에서는 집단적 가학증이 적나라하게 드러납니다. 놀랍게도 그러한 행위가 국가와 국민을 위해 필요한 절차라는 명분으로 정당화되고 반복됩니다.

수치감 유발 전략을 써서 자신이 속한 정당에 유리한 증언을 확보

일곱 번째 판

하려는 공격은 결국 실패합니다. 출석한 증인들이 줄줄이 망신당하는 현장이 방송을 통해 그대로 중계되면서 앞으로 어떤 증인도 소환에 쉽게 응하지 않을 것입니다. 증인 불출석이 이어질 것입니다. 그렇다면 그런 방식의 청문회가 성공할까요? 경험 많고 머리 좋은 의원들이 전략적인 실패를 한 것일까요? 그 정도로 '한풀이'나 하고 방송을 타며 이름이나 알리고 끝내겠다는 의도였다고 읽습니다.

갑자기 퍼붓는 소낙비는 땅을 파헤치고 지나갑니다. 소리 없이 꾸준히 내려서 적시는 보슬비가 땅을 비옥하게 만듭니다. 청문회가 아닌 일반적인 상황에서도 상대에게 고함치고, 상대가 하는 답변을 마구잡이로 끊어내고, 연속 질문으로 증인이 답변을 못 하게 만들어서 어차피 답변 자체에는 관심이 없음을 스스로 인정하는 질문 태도는 천둥번개에 비유할 수는 있겠으나 진실을 끌어내기에는 역부족입니다.

수치감 자극은 죄책감보다 더 극단적인 방어를 불러옵니다. 논리와 증거로 제대로 날을 세운 창이 없다면 수치감의 강한 방패를 건드려도 성공할 확률이 0퍼센트에 그칩니다. 후유증만 생깁니다. 후유증에는 국민 정신건강에 끼치는 위해(危害)도 포함됩니다. 아이와 청소년도 보고 배웁니다.

내 마음속 블랙리스트

블랙리스트를 영한사전에서 찾으면 "요주의 인물 명부"입니다. '요주의 인물'이란 멀리하거나 불이익을 주어야 할 사람입니다. 내 세상에서 배제해야 할 사람입니다. 의견이 다르다고 해서 국가 권력이 블랙리스트에 사람이나 단체를 올리고 불이익을 준다면 민주주의 국가가 아닙니다. 정말 나쁜 일입니다.

세상은 흥미롭게 돌아갑니다. 선거 때만 되면 후보들의 입에서 엄청난 말들이 쏟아져 나옵니다. 이건 없애겠다, 저건 폐지하겠다는 말이 그냥 쉽게 나옵니다. 이 말 저 말 모두 '내 마음에 안 드는 것들은 모두 확실하게 솎아내자'로 들립니다. 농경 민족의 후예로서 벼농사가 잘되려면 잡초를 추려 뽑아야 한다고 배웠기에 그럴까요? 잡초로 지목된 사람들에게는 섬뜩하게 들립니다.

정신분석학 클라인 학파는 태어난 아기가 엄마를 나쁜 엄마와 좋은 엄마로 분리해서 각각 다른 사람들로 느낀다고 설명합니다. 배고플

일곱 번째 판

때 젖을 금방 물리면 좋은 엄마, 젖을 늦게 주면 나쁜 엄마입니다. 경험이 쌓이면 두 엄마가 아닌, 한 엄마 안에 나쁜 면과 좋은 면이 모두 담겨 있다고 깨닫습니다. 이 경험을 기반으로 세상을 나누지 않고 통합적으로 보게 됩니다. 성숙하고 균형 잡힌 성격으로 자라는 과정입니다.

권력자만 블랙리스트를 만드는 게 아닙니다. 내 편과 남의 편으로 나누어 대립시켜 갈등을 불리고 이익을 취하거나 불이익을 주는 사람들이 세상에 너무나 많습니다.

블랙리스트의 폐해가 심각한 이유는 무엇일까요. 행위가 잘못되었다면 그것만 책임을 물으면 되는 데 사람 전체를 매장시키려 하기 때문입니다. 그러니 어떤 명분을 내세워도 블랙리스트는 정당화될 수 없습니다. 블랙리스트는 이념의 산물이고 이념에 빠지면 현실에서 눈이 멀어지면서 바른 길에서 벗어납니다.

권력을 잡기 전에 한 맺혔던 것이 많을수록 권력자가 되자마자 마음에 담았던 사람들을 솎아내려고 머리를 씁니다. '솎아내기'를 쉽게 하는 방법은 '흠집 내기'입니다. 나쁜 소문을 퍼뜨리거나 근거가 없어 일단 그럴듯한 이야기로 꾸며서 상대를 끌어내린 후에 명분을 만듭니다. 처음부터 그렇게 살지는 않았을 것입니다. 세상을 살면서 누군가를 미워하다가 닮았을 것입니다. 이런 현상을 정신분석학은 '공격자 동일화'로 설명합니다. 권력의 고리는 돌고 돕니다. 오늘의 권력자가 내일은 박해의 대상이 됩니다.

과거의 잘못을 고치려는 정당성을 포기하라는 말은 아닙니다. 단지 일방적인 청산보다는 포용하고 배려하는 마음, 협상과 타협으로 합의 점을 찾겠다는 고뇌도 필요하다는 말입니다. 상대의 자존감을 부수겠다는 마음을 거둬야 대화를 시작할 수 있습니다.

지하철 무료 교통카드를 받아 잘 쓰고 있습니다. 다른 몇몇 나라에 비해 우리 지하철은 반짝반짝 깨끗합니다. 미국에 살았다면 쉽게 못 받았을 의료 혜택을 엄청나게 저렴하게 최고 수준으로 받고 있습니다. 사회든 기업이든 이러한 자긍심의 목록을 많이 만들어낸다면 블랙리스트로 사람들을 통제하는 것보다 훨씬 더 좋은 효과를 거둘 것입니다. 세상을 통합적으로 보는 눈을 가지게 될 때 사람들은 외부의 압력 없이도 스스로 행동을 변화시킵니다.

일곱 번째 판

가까워서 더 입는 상처

가족은 아니나 가족만큼 친밀한 관계가 있습니다. 연인은 물론이고 친구도 그렇습니다. 자주 만납니다. 하지만 만남의 결과가 늘 좋지는 않습니다. 끈끈한 관계일수록 앙금이 남습니다.

헌법 위에 '정서법'이 있다는 농담을 가끔 합니다. 대인관계에도 정서법이 작용합니다. 이성적인 설명으로 납득한다 해도 정서에 거슬리면 "아무리 그렇다고 해도"라고 말하며 거부합니다.

나와 남은 아무리 가까워도 다른 사람입니다. 다른 몸이고 다른 마음입니다. 나의 생리 기능을 남이 대신할 수 없는 것처럼 내 마음을 남이 전부 이해할 수는 없습니다. 그래서 '공감'이라는 말이 생겼지만, 이 말은 마음의 이해가 궁극적으로 제한적이라는 반증이기도 합니다.

나와 남의 관계는 몸의 경계와 마음의 경계를 모두 지킨다는 전제 하에서 맺는 것입니다. 그래서 아무리 친밀해도 서로의 몸을 함부로 만질 수 없고, 예민한 개인적 문제를 불쑥 물을 수 없습니다. 그런 일로 상처가 생기면 전제가 흔들리고 관계는 금이 갑니다. 사랑이나 우정이라는 명분으로 이루어져도 폭력으로 남습니다. 상대를 어린아이처럼 대해도 큰일입니다. 그 사람의 정체성과 잠재력을 무시하는 것입니다.

관계는 흐름이어서 계속 변해야 합니다. 정체되면 상합니다. 한때 내가 선배나 윗사람이었다고 지금의 상대를 지난 세월처럼 대하면 안 됩니다. 과거의 틀에 집착하면 상대는 상처를 받고 관계는 무너집니다. 관계가 무너지면 나 또한 상처를 받습니다. 가까운 관계일수록 관계는 융통성 있게 발전해야 합니다.

피분석자와 분석가의 관계에 대한 관점도 변해왔습니다. 프로이트는 분석받는 사람의 마음을 분석가의 마음이 거울처럼 정확하게 비춰야 한다고 주장했습니다. 중립성을 지키라는 뜻도 있으나 분석가는 전문가이고 피분석자는 환자라는, 일종의 수직 관계에서 분석해야 한다는 의도도 숨어 있었다고 봅니다. 선생과 학생의 관계처럼 생각한 겁니다. 이제 분석 작업 자체를 피분석자와 분석가의 협동 작업으로 봅니다. 해석도 두 사람이 같이 만들어내는 것으로 이해합니다. 수직관계에서 수평관계로 관점이 바뀐 것입니다.

21세기는 관계의 시대입니다. 대면은 물론이고 디지털 공간에서 끝

없는 소통이 이루어집니다. 관계에 예민한 시대에는 그 시대에 맞는 대화법이 필요합니다. 어떤 말도 꺼내기 전에 신중하면 좋습니다. 말을 정 참기가 어려우면 양해를 구하는 말을 먼저 꺼냅니다. 눈치를 봅니다. 별문제가 없을 것 같으면 조심스럽고 부드러운 화법을 씁니다. 급하게 먹은 밥처럼 급하게 꺼낸 말에도 체합니다. 혹시 관계에 문제가 있다면 관심을 표현하는 방식을 상대의 심리적 경계와 방어 체계를 무너뜨리지 않는 편안한 방식으로 개선할 필요가 있습니다. 좋은 의도라고 해도 일방적으로 툭 던지는 말은 날카로운 칼이 되고 그렇게 입은 마음의 상처는 봉합이 어렵기 때문입니다. 관계가 소중할수록 유지 관리도 꼼꼼하게 해야 합니다.

지지의 늪

아이(infant)의 라틴어 어원은 '말을 못 하는'입니다. 영국 정신분석가 도널드 위니컷은 소아과 의사 출신입니다. 아이의 심리 발달을 중심으로 정신분석 이론을 펼쳤는데 그가 한 유명한 말이 있습니다. "아기와 같은 것은 없다." 세상에! 이 넓은 천지에 아기가 없다니 무슨 말일까요?

아기의 심리 발달을 엄마를 빼고 논하면 부족하다는 뜻입니다. 아기가 마음을 키우려면 엄마와 정서적 교감을 주고받아야만 한다는 의미입니다.

관계를 무시하고 보면 몸도 마음도 아기는 아이, 엄마는 엄마입니다. 하지만 순도 100퍼센트의 아기, 순도 100퍼센트의 엄마는 없습니다. 위니컷은 아기와 엄마를 하나의 연합체로 보았습니다. 혼자이나 혼자가 아니고, 혼자가 아니나 혼자입니다.

정신분석에도 아기-엄마 관계와 비슷한 현상이 생깁니다. 피분석자와 분석가는 서로 다른 사람이지만 마음과 마음이 만남과 헤어짐을 되풀이합니다.

누구나 자기편을 들어주는 사람을 원합니다. 분석가가 무조건 피분석자 편을 든다면 싫어할 이유는 없겠지요. 그러면 분석이 제대로 진행될까요? 섣부른 지지는 분석의 늪이 되고 피분석자는 거기에 빠집니다. 분석가가 부모와 갈등관계인 자신을 무조건 지지한다면 같은 편이 된 분석가에게 화를 내기 어렵습니다. 분석가를 자신의 부모와 정반대로 따뜻하게 느낀다면 부정적인 전이 감정을 숨길 것입니다. 긍정적이든 부정적이든 감정을 다루지 못한다면 분석이 아닌 위로의 시간일 뿐입니다.

정신분석은 여러 해 계속됩니다. 기반이 튼튼해야 버팁니다. 피분석자와 분석가 사이의 '치료적 동맹'이 중요하지만 동맹이 확고하다고 생각할 때 오히려 문제가 생길 수 있습니다. 동맹의 달콤함에 취해 두 사람 모두 조금 부담이 가는 시도조차 할 수 없다면 분석은 제자리에 머뭅니다. 목적지를 망각한 채 역에 서서 한가히 시간을 보내는 기차처럼 됩니다.

분석은 안정과 도전이 함께 부르는 이중창(二重唱)입니다. 리듬을 맞추면서도 아직 가지 않은 길을 살펴야 합니다. 피분석자는 듣기 좋은 이야기만 하고 분석가는 100점짜리 해석만 하려 한다면 난관에 빠집니다. 서로에게 틀려도 되는 여유를 허용해야 합니다. 맞으면 맞는 대로, 틀리면 틀리는 대로 이야기를 풀어나가면 됩니다.

모든 집단에는 지지층과 반대파가 동시에 존재합니다. 반대파는 어차피 반대파여서 오히려 대하기 쉽습니다. 문제는 지지층과의 관계입니다. 그들이 나를 지지하는 이유는 내 생각과 그들의 생각이 같다고 굳게 믿고 있기 때문일 것입니다. 내 생각이 그들의 생각과 달라지는 순간 그들은 좌절, 분노, 저항합니다. 저항은 지시, 명령, 위협의 형태로 돌아옵니다. 원래 위치로 돌아오라고 고함치는 것입니다. 돌아가지 않으면 다양한 방식으로 보복이 뒤따를 것입니다.

정치인은 대중의 인기와 표가 사라질 것을 두려워합니다. 결과가 뻔히 보이니 대부분 지지층 요구에 영합합니다. '같은 생각, 같은 편'을 다시 분명히 선언하면서 자신의 뜻을 굽히고 그들의 뜻을 따릅니다. 자신이 '지지의 늪'에 서서히 빠지고 있음은 알아채지 못합니다. 초심은 무뎌지고 판단력은 허물어집니다. 끝내는 자신의 역할이 정치 지도자인지 지지층의 추종자인지 분간 못 하는 혼란에 빠집니다.

프로이트가 말한 바 있습니다. "내 해석을 환자가 받아들이지 않아도 해석이 꼭 틀렸다는 말은 아니다. 받아들여도 내 해석이 꼭 맞았다

일곱 번째 판

는 말은 아니다. 해석 뒤에 새로운 기억, 꿈, 연상이 이어진다면 그게 제대로 된 해석이었다는 증거일 것이다." 나의 신념이나 행위에 대해 지지층이 어떻게 반응하는지에 맹목적으로 매달린다면 정치는 실종됩니다. 모든 정신분석적 해석이 불완전한 것처럼, 모든 사람이 동의하는 정치적 행위는 있을 수 없습니다 나는 정치인이 아니니 상관없을까요?

정신분석가는 목소리를 자연스럽게 잘 내야 합니다. 소통되도록 분명하게 이야기해야 합니다. 평소 목소리와 분석 목소리가 같아야 피분석자에게 신뢰감이 듭니다. 분석은 목소리 연출이 아니고 마음의 치유입니다. 태도도 중요합니다. '피분석자가 무엇을 알겠는가. 전문가인 내 생각이 중요하다! 도와주기만 하면 되는 것 아닌가!' 이런 식으로 자만한다면 큰일입니다. 의도가 좋다고 해서 태도를 아무렇게나 해도 되는 것은 아닙니다. 모든 대인관계에서 목소리와 태도는 일관성이 있어야 합니다.

지지자가 늘어나기를 소망한다면 대화 방식을 연구해야 합니다. 엄마와 아이의 관계를 공부하면 지혜를 얻을 수 있을 것입니다. 엄마와 아이는 기가 막히게 서로를 알아보고 소통합니다. 말 못 하는 아이조차 그러합니다. 때로는 불만스러워하고 때로는 저항해도 아이와 엄마 사이의 정서적 동맹은 흔들리지 않습니다. 그 뒤에는 아이가 어떻게 엄마를 벗어나 청소년기를 거쳐 독립적 개체로 성장하는지를 살펴야 합니다. '지지의 늪'에서 벗어날 비법이 거기에 담겨 있을지 모릅니다.

세상에는 거짓이 널려 있어 거짓을 참이라고, 참을 거짓이라고 해도 분별하기 어렵습니다. 배척의 불이익과 그에 따르는 고통을 무릅쓰고 참된 것을 찾으려는 사람은 점점 찾기가 힘듭니다. 흔들리지 않는 정서적 동맹을 맺는 방법을 익힌다면 용기를 낼 수 있습니다.

일곱 번째 판

엿보는 사람들

아주 어릴 적 동네 목욕탕 구조는 대단히 허술했습니다. 같은 출입문으로 들어가 왼편이 남탕, 오른편이 여탕이었습니다. 탈의 공간은 그저 어른 키가 조금 넘는 목제 옷장으로 남녀 칸을 나누었습니다. 어느 날 배당받은 옷 칸 합판 벽에서 담뱃불로 지져 만든 작은 구멍이 눈에 띄었습니다. 아마도 그곳에서 일하는 나쁜 남자가 했을 것입니다.

인간은 호기심의 동물입니다. 문화와 문명은 호기심의 결과물입니다. 선량한 호기심은 미래의 학자, 발명가, 인권운동가의 길로 이끕니다. 악의에 찬 호기심은 범죄자의 길로 이끕니다.

서양이라고 다르지 않습니다. "엿보는 톰(Peeping Tom)"이라는 말을 인터넷에서 검색하면 수많은 자료가 뜹니다. '엿보는 톰'이 정신건강의학과에 온다면 진단은 관음증입니다. 관음증은 '변태 성욕의 하나로, 다른 사람의 알몸이나 성교 행위를 훔쳐봄으로써 성적 만족을 얻는 증세'입니다.

동네 목욕탕에서 저지른 아날로그 시대의 훔쳐보기는 보는 것으로 끝났을 것입니다. 디지털 시대 '훔쳐보기'의 양상은 땅과 하늘만큼 차이가 납니다. 불법 촬영한 디지털 기록은 무한 복제가 가능합니다. 인터넷이나 휴대전화로 어디든지 영상을 쉽게 보냅니다. 돈을 벌려고, 앙심을 품고 작심한 행위라면 피해는 상상을 초월합니다. 그 어느 때보다 자유로운 세상에서 개인의 생활은 그 어느 때보다도 큰 위험에 처했습니다. 훔쳐보기가 일회성으로 끝나서 아쉬웠던 가해자는 보관, 복제, 전송이 자유로운 디지털 기법의 등장에 환성을 질렀을 것입니다. 피해자에게는 절망과 무력감으로 물든 저주가 되었습니다.

현대 사회는 관음증으로 넘쳐납니다. 영화만 보아도 옛날과 전혀 다릅니다. '성인용'이 아닌데도 성 욕망을 자극하는 장면들이 흔히 나옵니다. 영화제에 등장하는 배우의 옷차림이 고개를 돌릴 정도로 민망하기도 합니다. 다중의 '들여다보고 싶은 마음'을 자극하면 배우의 인기는 물론이고, 시청률도 올라갑니다. 검색 포털과 대중매체도 그런 면에서 적극적입니다. 욕망을 만족시킬수록 수입이 늘어나니 기사 제목이 매우 자극적입니다. 민망하지만 예를 들면 '꽃미모' '상큼함' '개미허리'입니다.

어떻게 해서 관음증에 빠지고 헤어나지 못할까요? 첫째, 관음증은

일곱 번째 판

은밀해서 비교적 안전합니다. 성적 환상과 흥분을 몸과 마음으로 즐기지만 남이 알아채기는 어렵습니다. 둘째, 책이나 화보, 영상물 같은 음란물에 자주 접근해도, 겉으로 볼 때는 그렇지 않은 사람과 구분이 안 됩니다. 셋째, 몰래 훔쳐보면서 상대를 소유하고 지배할 수 있다고 착각합니다. 이러한 착각은 상당히 만족스러워서 쉽게 포기하지 못합니다. 넷째, 관음증은 중독이어서 쉽게 빠져나오지 못합니다. 내성이 생기면 점점 대담한 훔쳐보기로 바꿔야 하지만 금단증상 때문에 끊지를 못합니다. 중독되면 직업적, 사회적 역할 장애로 이어집니다.

'훔쳐보기'는 범죄 행위입니다. 관음증이 있으면 전문가에게 치료를 받아야 하지만 스스로 요청하는 일은 매우 드뭅니다. 대부분 가족이나 사법기관이 요청하지만 환자는 치료를 잘 받아들이지 않습니다. 그러니 지금도 길거리, 이웃집에서 관음증 환자가 여러분을 주시하고 있을지도 모릅니다.

성 해방의 기치를 내건 현대 사회에서는 정상적 행위와 관음증의 경계가 흐립니다. 관음증에 빠지지 않으려면 노력이 필요합니다. 욕구는 적절하게 통제하고, 하면 안 되는 일인지부터 확인하고, 행위 전에 결과를 예측하려고 애써야 합니다. 다른 사람을 안 쳐다보고 살기는 불가능하니 쉽지 않은 일입니다.

욕망의 빛과 그늘, 리비도와 타나토스

마음은 무엇으로 움직일까요? 프로이트가 초기에 주장한 대표적인 에너지는 '리비도(libido)'였습니다. 일각에서는 리비도를 '성욕'으로 매도했지만 본래 의미는 '삶의 에너지'입니다. 프로이트는 리비도 개념으로 심리 발달, 일상 행동, 정신 병리 같은 마음의 구석구석을 연구했습니다. 그러던 중에 전쟁에서 복귀한 군인의 꿈을 분석해서 '타나토스(thanatos)'를 이야기했습니다. '죽음의 에너지'입니다.

리비도와 타나토스는 대치되는 개념입니다. 리비도는 즐거움, 쾌락, 만족, 생존을, 타나토스는 고통, 좌절, 파괴, 죽음을 추구합니다. 리비도는 에너지를 효율적으로 쓰려고 하지만 타나토스는 소진하고 아무것도 남지 않는 상태로 돌아가려 합니다. 리비도는 애정이나 사랑으로, 타나토스는 공격성과 파괴로 나타납니다.

리비도는 긍정의 에너지, 타나토스는 부정의 에너지입니다. 리비도가 좋아하는 것을 빼앗기거나 성취하지 못하고 좌절하면 타나토스가

일곱 번째 판

점화되어 폭발합니다. 리비도와 타나토스는 동전의 양면처럼 붙어 다닙니다. 이 모든 것의 시작, 과정, 끝을 무의식이 주도합니다. 프로이트는 리비도와 타나토스를 마음을 움직이는 두 축으로 보았습니다. 지금으로 치면 컴퓨터 운영체제처럼 여겼습니다.

피분석자가 분석가에게 하는 이야기에는 리비도와 타나토스의 파생물(부스러기)이 들어 있습니다. 분석가는 파생물과 파생물을 연결해 듣습니다. 엉뚱한 표현이나 상징으로, 감추거나 승화되어 나타난 파생물의 연결 작업은 어렵지만 연결이 되면 말로 풀어서 그 뜻을 피분석자에게 들려줍니다. 이를 '해석'이라고 부릅니다.

리비도와 타나토스의 파생물들이 내 삶의 방식을 결정한다면? 어느 정도는 그렇습니다. 우리가 하는 행동을 무의식에 사는 리비도와 타나토스가 의식의 세계로 파생물을 올려 보낸 결과로 보는 것입니다.

리비도와 타나토스가 대접받는 형편이 프로이트 시절 같지는 않습니다. 성적인 요구나 공격성이 흔히 표출되는 시대여서일까요? 사람과 사람의 관계가 중요한 시대에는 '대상 추구' 욕구가 오히려 마음을 움직이는 에너지로 각광받는 듯합니다.

형편은 달라졌지만 사람 사는 세상에서 리비도를 외면할 수는 없습니다. 태어나고(엄마의 임신과 출산), 자라고(사춘기), 즐기고(성생활), 나이

들어가는(갱년기) 과정에서 여전히 힘을 씁니다. 비정상적인 방식으로 리비도를 부리는 관음증과 노출증도 있지만 '몰래 카메라'나 '먹방(먹는 방송)' 등 사회가 받아들일 수 있는 수준으로 조절해서 호기심을 충족시키는 프로그램도 있습니다.

타나토스가 마음에 존재하는 한 폭력과 살인의 씨앗은 환경만 제공되면 늘 피어납니다. 다른 사람 마음의 타나토스를 건드리지 않아야 안전합니다. 내 마음의 타나토스를 잘 관리해야 극단적 선택을 방지합니다. '너 죽고 나 죽자'고 덤비는 사람도 타나토스를 이해하면 현명하게 대화에서 막을 수 있습니다.

'당신의 매력에 푹 빠졌다'라면서 누가 내게 불순한 의도를 숨기고 접근한다면 유혹은 리비도에서, 불순한 의도는 타나토스에서 나온 것입니다. 잠시만 방심해도 그물에 걸리니 늘 조심하면서 영리하게 대처해야 합니다. 그 사람보다 한 수 앞서면 벗어날 수 있습니다.

좋은 싫든 리비도와 타나토스는 삶의 토양과 같습니다. 어쩔 수 없이 매일 우리는 거기에 노출된 채 살고 있습니다. 적당하면 생활의 에너지를 얻고 과도하면 삶의 함정이 됩니다.

공격성의 민얼굴

성욕과 공격성을 빼고 인간을 논할 수 없다는 프로이트의 주장은 빛이 바랬으나 아직 쓸모가 많습니다. 세상 돌아가는 모습을 보면 딱 그렇습니다. 테러, 전쟁만이 공격이 아닙니다. 공격성은 일상에서 천의 얼굴을 보입니다. '묻지 마 폭행'이나 보복 운전이 흔한 예입니다. 다양한 모습을 보이는 개인적, 사회적, 정치적 차별도 공격성의 표현입니다. 눈빛, 표정, 태도, 걸음걸이로도 교묘하게 남을 공격할 수 있습니다.

상하관계에서는 '분위기' 공격이 가능합니다. 아랫사람을 갑자기 불러놓고 침묵을 지키면 효과가 뚜렷합니다. 같은 이야기도 말투로 공격 함량이 조절됩니다. 기득권층은 사회가 정한 관습과 가치관으로, 국가 권력은 법 제도나 행정 조치를 남용해서 누구든지 공격할 수 있습니다. 실제로는 개인이 공격하는 것이지만 사회나 국가의 뒤에 숨으면 당하는 사람은 속수무책입니다.

영화, 연극, 회화, 책에 나타나는 공격성은 안 보고 안 읽으면 됩니다. 거실 텔레비전의 '막장 드라마'는 못 피합니다. 가족의 동의 없이는 채널 변경이 불가능합니다. 어쩔 수 없이 귀와 눈을 가리면서 인상 쓰고 고함지르는 연기를 원망합니다. 은근히 중독성이 있어서 가끔 옆에서 같이 보기도 합니다. 정신건강에 해가 될 것 같지만 피폐한 사회 현실을 반영한 것이라고 제작진이 주장하면 할 말은 없습니다. 무력 감과 재미가 섞이는 묘한 경험입니다.

무력감을 느끼는 또 다른 인생 무대는 식당입니다. 식당에는 일정 시간대에 사람이 몰립니다. 어떤 손님의 '큰 목소리'는 공격적입니다. 때로는 폭력적으로 우렁찹니다. 그런 일이 왜 일어나는지 고민을 해 보았습니다. 배설물로 영역 표시를 하는 동물의 행위를, 사람은 말소리로 실천하는 것일까요? 이 자리 저 자리의 목소리들이 경쟁을 벌이기도 합니다. 통제는 불가능합니다. 그들에게 음식이 빨리 나오기를 바라는 수밖에 없습니다. 휴대전화 앱으로 측정하면 10차선 도로에서 들리는 소음 크기에 가깝습니다.

번잡한 식당을 싫어합니다. 가더라도 일찍 갑니다. 서둘러 하는 식사에 익숙해 그나마 다행입니다. 일찍 갔는데도 시끄러우면 혈압은 올라가고 공격적 충동은 식탁 위의 찌개처럼 끓습니다. 다행히 아직 충동 조절력이 쓸 만합니다.

반드시 주먹으로 공격해야 폭력이 아닙니다. 이탈리아에서 성악을 공부하던 한국 학생들에게 선생님들이 이런 말을 자주 했다고 합니다. "한국 학생들은 너무 폭력적으로 노래를 부른다." 제대로 하려면 대포 소리처럼 노래하면 안 된다는 말이었을 겁니다. 지하철에서 시시콜콜 다 들어야 하는 휴대전화의 공격도 피할 길이 없습니다.

어떤 사람들은 꼼꼼히 따지는 것을 좋아합니다. 공격용으로 안성맞춤이어서 심하면 자질구레한 것까지 낱낱이 따집니다. 거기에 엉터리 논리까지 앞세우면 압권입니다. 자신이 펼쳐내는 '논리의 그물'로 다른 사람을 포획하는 기쁨을 즐기는 사람이 꽤 있습니다.

공격당한 사람이 고개를 숙이고 무릎을 꿇는다고 반격을 접은 것은 아닙니다. 사람은 단순하지 않습니다. '수동적 공격성'이 때로는 승부를 뒤집습니다. 지식이 부족한 사람이 "제가 뭘 아나요!"라며 회심의 한 방을 날릴 수도 있습니다. 약속을 어긴 것을 사과하면서 은근히 공격성을 표출하기도 합니다. 남을 향한 공격성이 방향을 돌려 나를 향한다면? 자신의 가치를 부정하면서 슬픔에 빠지거나 우울증에 걸립니다.

우울증은 신경전달 물질이 부족한 상태이니 약으로 보충해주면 될까요? 심한 우울증을 치료하는 데에는 약이 중요하지만 약으로만 재발을 막기는 어렵습니다. 내 마음을 내가 공격하는 버릇을 없애야 합니다. 혼자 힘으로 안 되면 전문가와 함께 해결해야 합니다.

재산을 잃고 우울증에 빠졌다면 돈을 다시 벌어야 하지 돈을 쓰는 정신분석이 어떻게 도움이 될까요? 현실을 인정하고 자신을 공격하지 않아야 우울증에서 벗어납니다. 우울증에서 벗어나야 돈도 다시 벌 수 있습니다. 무슨 일이 있어도 내가 나를 아껴야 합니다.

공격성이 늘 나쁜 것은 아닙니다. 상황에 따라 적절하게 공격적이어야 생존할 수 있습니다. 유전자 조작으로 공격성을 전부 없앤 신인류를 만들어낸다면 그들의 삶은 바람 앞의 촛불처럼 흔들릴 것입니다.

공격성은 삶의 목표를 성취하는 힘의 원천이기도 합니다. 수험생의 책상머리에 붙어 있는 '○○시험 100일 정복' 같은 글귀는 도전의 용기와 에너지를 공급합니다. 사업가는 '공격적인 투자' 같은 구호에서 추진력을 얻습니다. 내 안에 어떤 공격성이 있는지, 어떤 방식으로 공격성을 표출하는지 들여다보면 창의적으로, 합리적으로 활용할 길이 열립니다.

일곱 번째 판

말로 하는 채찍질

말을 꺼내기 전에 세 가지 질문을 던져야 합니다. 내가 말하려는 것이 거짓은 아닌가? 이 말을 지금 꼭 해야 하는가? 되도록 품위 있게 말하려면 어떻게 해야 하나? 왜 굳이 그렇게까지 해야 할까요? 거짓말, 엉뚱한 말, 격이 낮은 말을 피하려고 그렇게 합니다.

거짓말은 나를 감싸는 옷과 같지만 진실의 비바람 속에서 오래 버티지 못합니다. 진실은 활짝 열린 모습이고 거짓말은 굽어 있습니다. 열려 있어 거침이 없는 진실과 달리 거짓말은 진실에 도달하지 못하고 계속 굽은 길을 갑니다. 거짓말이 거짓말을 낳다가 막다른 골목에 도달하면 끝입니다.

거짓말은 크게 두 가지 형태입니다. 지켜서 살아남기 위한 자기 보존형 거짓말, 상대를 해쳐서 목적을 이루기 위한 가학형 거짓말입니다.

자기 보존형 거짓말은 두 가지 이유에서 비롯됩니다. 첫째, 상실에 대한 두려움에서 시작됩니다. 사람이든 물건이든 간에 아끼는 소중한 것을 잃어버리지 않으려는 것입니다. 둘째, 자신에게 가해지는 위협에서 벗어나기 위해 시작됩니다. 가학형 거짓말의 목표는 상대를 교묘하게 속여서 통제하고 모욕하기 위함입니다. 자기 보존형과 달리 폭력적입니다. 자기 보존형은 피해서 지키는 것이고 가학형은 공격하고 제압하기 위한 것입니다.

언어 놀이는 인간에게 지적 즐거움을 줍니다. 언어의 상징성은 즐거움을 증폭시킵니다. 거짓말로 대화의 주도권을 잡으면 다른 사람들이 자신의 말을 믿을 것이라는 환상은 달콤합니다.

태어나서 세 살 무렵이 되면 거짓말 능력이 생깁니다. 여섯 살이 되면 하루에 두 번 이상 거짓말을 하기 시작합니다. 현실적인 필요성도 있지만 상대가 자신이 만들어낸 말에 속아 넘어가는 것이 즐겁습니다. 성공했다는 안도감이 보상으로 작용합니다.

어른이 되었을 때 이념이나 신념을 확신하면 할수록 거짓말에 힘이 실립니다. 알고서 하는 거짓말도 있으나 자신도 모르게 하는 거짓말도 늘어납니다. 거짓말의 기법은 단순합니다. 있는 것을 빼거나, 왜곡하거나, 없는 것을 넣으면 됩니다. 표정 변화가 없을수록 거짓말에 힘이 생깁니다.

사회적인 활동을 하면서 대중의 지지를 받아야 사는 이들에게서 거짓말의 역할을 빼놓을 수 없습니다. 밝혀질 위험성을 감수하면서도 추종자를 늘리려면 거짓말이 필요합니다. 그들의 관심, 인정, 감탄을 끌어내야 합니다. 정치인의 경우 거짓말로 상대를 넘어뜨릴 수도 있다면 금상첨화입니다. 상대의 거짓말로 겪은 모멸감을 거짓말로 되돌려주기도 합니다. 성공하면 열등감이 보상됩니다. 정치 세계에서 거짓말을 관통하는 핵심 단어는 통제, 모욕, 제압입니다.

거짓말 '선수'의 마음은 자기애로 넘칩니다. 자기애를 튼튼히 할 수 있다면 남과 하는 소통의 가치는 그다지 중요하지 않습니다. 거짓말 종류도 가리지 않습니다. 응원하는 사람이 있으면 더욱 좋습니다. 거짓말의 틈새로 살짝 보이는 그 사람 마음속은 자기애의 풍경으로 화려합니다.

말과 무협영화의 장풍에는 공통점이 있습니다. 첫째, 공기로 전달되고, 둘째, 잘못 휘두르면 폭력이 됩니다. 언어의 폭력성은 이미 일상의 위협입니다. 인터넷과 개인매체는 자기 정화기능 없이 폭력적인 말들을 지치지도 않고 쏟아냅니다.

가상공간의 말은 익명성으로 인해 말하는 사람은 편안하고 듣는 사람은 불편합니다. 직접적이고 즉각적입니다. 순화되지 않고 참지 않는다는 뜻입니다. 혹시 밝혀져 익명이 악명이 되어도 자신의 이름만

알린다면 남는 장사입니다.

언어폭력은 마음과 몸을 모두 해칩니다. 말이 가진 상징의 강력한 힘은 부정적 감정 상태를 유발하고 감정은 몸을 해칩니다. 언어폭력은 '말로 하는 채찍질'입니다. 채찍은 공기를 가르는 소리만으로도 공포 반응을 일으킵니다. 험한 말을 뱉는 정치인일수록 급하면 국민의 뜻을 들먹입니다. "말이 무슨 위험 요인?"이라고 반박할 수 있습니다. 공중에 사라져도 있는 것은 있는 것이고, 사라진 후에는 대처할 수 없어서 더 위험합니다! 말에도 책임을 물어야 합니다.

일곱 번째 판

· 여덟 번째 판 ·

끝없는 외로움에 잘 대처하는 법

: 고독감 다루기

외로움을 고치는 방법은 고독으로 옮겨 가는 것입니다.
외로움은 남과 관계가 끊어진 상태이고,
고독은 나와 내가 관계를 맺는 것입니다.

불안과 우울은 삶의 휴게소

고통 없는 삶이 있을까요? 살아 보니 고통은 삶의 동반자입니다. 고통 (苦痛)은 문자 그대로 쓰고 아픕니다. 누구나 고통 없는 삶을 원하면서 고통을 느끼게 되면 수단과 방법을 가리지 않고 없애려고 합니다. 미리 막으려고 애를 씁니다. 늘 피할 수는 없습니다. 결국 마주치고 좌절하고 괴로워합니다.

불안에 떨면 고통스럽습니다. 밑바닥에서 올라오는 막연한 느낌이라 정체를 알 수 없어서 더 힘듭니다. 갑자기 닥칠 것 같은데 무엇인지 통 알 수가 없습니다. 현실에서 이유를 찾을 수 없으니 고약합니다. 원인을 모르니 대비가 안 됩니다. 시간이 갈수록 불안은 더 번집니다.

불안에는 몸도 움직입니다. 맥박이 빨라지고 얼굴이 달아오르고 근육이 뭉칩니다. 말을 더듬습니다. 이쯤 되면 남에게 숨기기도 힘듭니다. 낭패입니다. 남의 눈치를 보면 더더욱 불안해지는 악순환의 고리에 걸립니다.

불안은 마음의 갈등이 만들어냅니다. 갈등 정도가 심할수록 불안합니다. 연기처럼 피어오르는 불안을 방어기제로 막아 누르려고 하지만 어느새 증상으로 모습을 바꿔 고통을 줍니다.

고통을 주는 나쁜 감정이니 불안을 반드시 없애야만 할까요? 초기에는 프로이트도 불안을 제거해야 한다고 생각했습니다. 그러다가 불안이 전달하는 메시지에 착안해 '신호 불안'이라는 이름을 지었습니다. 불안은 마음이 내게 보내는 '문자메시지'이며 갈등의 뿌리에 접근할 수 있는 통로라는 말입니다. 신호 불안의 중요성은 정신분석학은 물론이고 인지심리학, 정신생리학, 신경과학에서도 인정합니다.

불안을 느끼면 술이나 약을 우선 찾습니다. 의미를 파악하기보다 일단 덮으려는 겁니다. 마음이 보내는 소중한 메시지를 읽지도 않고 지우려는 겁니다. 술로 불안을 다루다가 한 잔이 두 잔, 두 잔이 세 잔 되면 중독됩니다. 약물도 남용하면 습관이 됩니다. 불안이 너무 심하면 전문의가 처방한 약물로 다스리지만, 마음을 공부해야 해결 방법이 보입니다.

우울도 정말 힘든 감정입니다. 불안이 아직 일어나지 않은 일에 관한 것이면, 우울은 이미 일어난 일에 대한 느낌입니다. 나는 도대체 왜 그랬을까, 후회하고 자신을 비난합니다. 삶의 의욕은 떨어지고 잠을

여덟 번째 판

설치며 밥맛을 잃습니다.

우울감에서 벗어나려면 어떻게 해야 할까요? 우울을 곤경이 아닌 '쉼표'로 생각했으면 합니다. 잠시 쉬다가 다시 출발하는 '휴게소'로 느꼈으면 좋겠습니다.

심한 우울증은 뇌 속의 생화학적 균형이 무너진 상태로 약물치료가 우선이지만 가끔 느끼는 우울감이나 가벼운 우울증은 마음이 보내는, 쉬면서 자신을 돌아보라는 신호입니다. 마음의 뜻을 존중해야 합니다.

우울이 반드시 우울감을 앞세워 찾아오지는 않습니다. 신체 증상이나 행동으로도 나타납니다. 그렇다면 내가 우울한지 어떻게 알 수 있을까요? 외출을 거의 안 하거나, 잠을 설치거나 너무 많이 자거나, 사람은 안 만나면서 이메일 검색, 인터넷 뒤지기, 온라인 게임, 혼자 영화 보기에 몰두한다면 우울증일 가능성이 높습니다. 스스로 깨닫지 못하면 가족이나 동료가 도와서 진료를 받아야 합니다. "별문제 없다고 봤는데 어떻게 극단적인 선택을?" 망설이다가 뒤늦게 이런 이야기를 해도 소용없습니다.

많은 것을 쉬지 않고 성취했어도 우울증이 갑자기 닥치면 힘듭니다. 고생하며 살았지만 별로 이룬 것도 없다면 충격이 더 큽니다. 왜 내게 이런 일이? 무력해지기 전에 당황하지 말고 우울이 전하는 메시지를 읽어야 합니다.

우울한 상태에서 집중력이 떨어지면 마음을 읽기가 쉽지 않습니다. 우울에서 벗어나려고 너무 애쓰지 않고 우울과 사귄다는 기분으로 시작하면 도움이 될 것입니다. 친한 친구의 도움을 받으면 부담을 덜 수 있습니다.

삶의 고통, 불안한 마음, 우울한 기분, 모두 피하려 한다고 피할 수는 없습니다. 그렇다면? 대면(對面)하십시오. 대면은 대결(對決)이 아닙니다. 받아들이고 대화하는 것입니다. 일단 고통, 불안, 우울을 인정한다고 접수 도장을 쾅 찍으세요. 다음은 증상이 내게 전하는 의미를 읽어내세요. 의미를 알면 이해가 되고 이해가 되면 극복이 덜 힘듭니다. '고통 없는 성장은 없다'고 합니다. 삶이 평안해야 한다는 착각은 정말 심각한 착각입니다.

마음은 양말과 같습니다. 겉과 속이 있습니다. 겉으로 보이는 것이 전부가 아닙니다. 문제가 생기면 뒤집어 봐야 합니다. 양말 속에 끼어 들어간 것이 있으면 걸을 때 불편합니다. 뒤집어서 꺼내야 합니다. 마음도 불편하면 뒤집어서 정리해야 합니다. 그냥 버티면 계속 불편하거나 상처를 입습니다.

여덟 번째 판

마음의 방파제 쌓기

태풍은 하나가 지나가면 또 하나가 닥칩니다. 매년 되풀이됩니다. 마음에도 가끔 '태풍'이 붑니다. 무의식에서 출발한 태풍의 눈은 욕구와 소망이 똘똘 뭉친 덩어리입니다. 점점 힘을 비축하면서 의식에 가까워질수록 강한 비바람을 뿌립니다. 비바람이 마음을 흔들면 흔들린 마음은 갈피를 못 잡습니다.

공황장애는 태풍급 불안이 갑자기 들이닥치는 것입니다. 공황발작은 예측이 불가능하고 감당이 어렵습니다. 심장이 터질 듯 뛰고 숨이 막힐 듯이 호흡이 가빠집니다. 금방 죽을 것 같습니다. 혼자서 빠져나오기가 쉽지 않습니다. 너무 심하거나 되풀이되면 전문가의 도움을 구해야 합니다. 약물치료로 막고 정신치료로 뿌리를 뽑아야 합니다.

공황장애는 힘든 병이지만 나를 잃어버리지는 않습니다. 무의식의 태풍이 불면 나를 잃어버리는 병도 있습니다. 해리장애입니다. 공황장애나 해리장애를 보면 무의식의 에너지는 정말 강력합니다.

태풍 피해를 줄이려면 개개인이 준비하고 대처해야 합니다. 바람과 물의 엄청난 힘을 막으려면 재난본부만 쳐다보고 있을 수는 없습니다. 마음의 태풍에서 나를 지키려면 마음의 균형을 잘 유지해야 합니다. 남의 도움만을 기다리다가는 때를 놓칩니다.

자아가 강해야 마음의 태풍에 맞서서 나를 지킬 수 있습니다. 자아가 약하면 막아내지 못하고 넘어져 다칩니다. 태풍을 막으려면 방어기제를 모아 시스템을 갖추고 평소에 훈련도 해야 합니다. 단, 장기적으로 적응에 도움이 되는 방어기제 위주로 갖춰야 합니다.

방어기제 중 회피는 잠시 도움은 되나 길게 보면 피해야 합니다. 언젠가 또 닥칠 마음의 태풍을 피하기만 하면 자아를 단련할 기회가 사라집니다. 견딜 만한 심리적 부담에 나를 반복 노출해야 강하게 단련됩니다. 평소 마음에 닥치는 '집중 폭우' 속에서 자아를 반복해서 단련하면 마음의 태풍에 대처할 수 있습니다.

방어기제 중 투사는 내 탓을 해야 할 것을 남 탓으로 돌리는 방법입니다. 내 책임을 받아들이고 배우면서 해결할 기회를 스스로 버리는 것이니 생산적이 아닙니다.

생산적인 방어기제의 대표는 승화입니다. 승화는 사회가 인정하지 않는 욕망을 인정하도록 바꿔서 충족하는 방법입니다. 직업 선택의 동기를 승화의 예로 들어 좀 과장해서 설명하면 다음과 같습니다. 화가는 오염시키고 싶은 욕망이 승화된 직업입니다. 조각가는 깎아내고 싶은 욕망을 승화시킨 직업입니다. 외과의사는 사람의 몸에 칼을 대고 싶은 욕망을 사회가 인정하는 합법적인 방식으로 승화시킨 직업입니다.

초자아의 힘도 마음의 태풍에 대처하는 데 도움이 됩니다. 초자아는 양심, 도덕, 이상(理想)이 모여 작동합니다. 삶의 원칙을 확고하게 세우고 사는 사람은 마음의 풍파를 겪어도 원칙에 따라 크게 흔들리지 않고 대처합니다. 원칙 없이 그때그때 적당히 살아온 사람은 흔들려서 넘어지고 다칩니다.

적절한 욕구나 적당한 소망은 삶을 움직이는 힘입니다. 욕구와 소망도 적정하게 관리해야 합니다. 부적절한 욕구나 부당한 소망은 마음에 불필요한 태풍을 일으킵니다. 내가 쉽게 넘어져 상처받을 확률을 높입니다. 욕심이 눈을 가리면 다친다는 말입니다. 무의식에 살고 있는 욕구와 소망을 관리하기는 쉽지 않습니다. 자기 성찰로도 해결이 어려우면 전문가의 도움을 받아야 합니다.

마음에 부는 태풍 속에서 평정심을 지키려면 욕구와 소망을 관리하고, 초자아의 유연성을 지키고, 자아의 힘을 길러야 합니다. 현실을 판단하는 힘도 키워야 합니다. 이렇게 하는 것이 정신분석이 이야기하는 '타협'입니다. 삶의 핵심은 끊임없이 이어지는 타협입니다. 아무렇게나 타협해도 된다는 말이 아닙니다. 평정심을 지키려면 주먹구구가 아닌 체계적인 방식을 써야 합니다.

부정적인 외로움, 긍정적인 고독감

외로움을 말로 옮기기는 어렵습니다. 들어줄 상대가 마땅하지 않습니다. 누구나 느끼는 보편적인 감정이지만, 현대인의 외로움은 역설이고 모순입니다. 전자우편, 소셜네트워크서비스, 화상회의가 넘쳐나는데도 네 사람 중 한 사람은 장기간 외로움에 빠져 있다고 합니다. 두 해 이상 지속되면 만성 외로움으로 여깁니다.

취미활동이나 모임으로 외로움을 벗어나려 해도 쉽지 않습니다. 외로움은 고약합니다. 면역 기능이 떨어져서 여기저기 아프고, 먹는 것으로 달래다가는 비만, 당뇨, 고혈압이 생깁니다. 우울증이 겹치면 술 중독, 자살 생각, 자살 행동으로 이어지기도 합니다. 유전학적 변화가 생긴다는 이야기도 있습니다. 만성 외로움은 개인의 취약성, 자기 조절 능력 부족, 외톨이 대처 방식 미숙이 힘을 합쳐 만든 결과입니다.

외로움은 침묵 속의 절규입니다. "나 여기 있잖아!"라는 고함입니다. 소속감을 느끼는 대상을 제대로 찾으면 외로움은 사라질 겁니다.

그러나 옆에 붙어 있어도 관계가 겉돌면 외롭습니다. 반면에 혼자 있다고 해도 꼭 외롭지는 않습니다. 흔한 말로 내 안에 그 사람이 있다면, 그 사람의 표상(表象)이 자리 잡고 있다면 외롭지 않습니다.

외로움은 원시 사회가 남긴 숙제입니다. 무리에서 쫓겨나면 죽음의 위기가 닥쳤습니다. 현대에도 따돌림은 외로움으로, 극단적 외로움은 극단적인 선택으로 이어집니다. 원시인과 비교해 훨씬 높은 수준의 독자 생존이 보장된 현대인조차 소속되지 않으면 초조해합니다. 기업, 정당, 종교 단체가 소속감을 제공하는 역할을 합니다.

소속된다고 다 해결되는 것은 아닙니다. 조직에서 겪는 일이 상처를 주고 외롭게 만드는 경우도 흔합니다. 이런저런 이유로 떠날 수 없으니 힘들지만 참아야 합니다. 관계에서 겪은 상처, 낙담, 실의 때문에 예민하게 반응하다가 결국 더 외로워집니다. 사람들 사이에서 겪는 외로움의 무게는 벗어나기에 너무나 무겁습니다.

어려서 옆에 누가 있어 돌봐주었다면 외로움의 '예방주사'를 맞은 셈입니다. 면역이 생겨 외로움에 쉽게 빠지지 않거나 혼자 힘으로 벗어납니다. 쓸쓸하게 자랐다면 커서도 쓸쓸합니다.

외로운 마음은 불안합니다. 자신을 세울 자리를 찾지 못하고 기대어 살려고 합니다. 마음이 튼튼하면 속하면서 속하지 않은 듯, 속하지 않으면서 속하는 듯 자유롭습니다. 마음이 약하면 외톨이라고 느끼는 순간 마음에 지진이 일어납니다.

외로운 마음이 우울에 잠기면 어떻게 될까요? 약물을 써도 외로움은 남습니다. 마음으로 고쳐야 합니다. 술이나 인터넷을 해결책으로 선택했다면 정리해야 합니다. 그렇게 하면 할수록 외로움이 더 깊어집니다. 상처를 숨기려고 마음을 감추는 일은 삼가야 합니다. 속을 알 수 없는 사람을 사람들은 멀리합니다. 허전하고 급한 마음에 상대의 정체도 모르면서 가까이하다가는 다시 상처를 입습니다. 외로움에 지친 사람에게서 이득을 취하려는 사람들이 생각보다 많이 돌아다니며 '먹을거리'를 노립니다.

외로움을 고치는 방법은 고독감으로 옮겨 가는 것입니다. 외로움은 남과 관계가 끊어진 상태이고 고독감은 나와 내가 관계를 맺은 상태입니다. 남의 간섭에서 벗어나 내 안의 우주, 무의식과 내가 소통하는 마음입니다. 외로움은 고통받는 함정이지만 고독감은 창의성 발휘의 공간입니다. 외로움은 빈 가슴에 대한 절망이지만 고독감은 채움을 위한 희망입니다. 그러니 외로움에서 고독감으로 옮겨 가야 합니다.

외로움이 만성이 되기 전에 서둘러 막아야 합니다. 만성이 되면 내가 내 삶의 적이 됩니다. 혼자서 빠져나오기 힘듭니다. 이미 만성이 되었다면? 손을 내밀어줄 사람을 찾아 말을 거십시오. 잠깐! 믿을 수 있는 사람인가요? 없으면 전문가의 도움을 받는 것이 안전합니다.

외로움을 고독감으로 바꾸려면 외로움의 의미를 찾아야 합니다. 의미를 알면 관점을 바꿀 수 있습니다. 성격이나 성향을 단숨에 고칠 수는 없지만 삶을 바라보는 안목은 바꿀 수 있습니다. 외로움은 부정적 혼돈이고 고독감은 긍정적 몰입입니다.

부모의 불안, 자식의 불안

설날이나 추석이 오면 어린 마음이 설레어 잠을 설쳤습니다. 나이가 들면 명절이 부담입니다. 가족이 모이면 기쁘면서도 불편합니다. 불편한 상황을 피하려면 하지 말아야 할 이야기가 있습니다. 결혼, 출산, 육아, 취직, 승진에 관한 것들입니다.

악의 없는 부모님의 말씀에도 어쩔 수 없이 마음에 상처를 받습니다. "이제 셋째를 낳아야지!" 하시자 아내와 문제가 생겨 힘들었습니다. 형제자매가 많아야 서로 도우며 살 수 있다는 좋은 뜻에서 말씀하셨을 겁니다. 하지만 아무리 좋은 약도 강제 복용할 수는 없습니다. 셋째는 없습니다.

어느 철학 교수께서 평생 절대로 하지 않을 일로 '다른 사람에 대한 충고'를 들었습니다. 적극 동의합니다. 덕담도 지나치면 추궁이나 비판입니다. 연휴에 해외여행을 떠나는 사람이 늘어나는 현상 뒤에는 난처한 상황을 피하겠다는 마음도 담겨 있습니다.

엉뚱한 이야기로 옮겨보겠습니다. 정신의학 진료 이야기입니다. 크게 두 방향인데, 약물치료와 정신치료입니다. 정신치료 중에 가장 중요하게 여기는 것은 '정신역동 정신치료'입니다. '정신역동'은 마음의 움직임을 다룬다는 뜻입니다.

약물 처방에 익숙한 전공의에게 새롭게 정신치료를 가르치는 일은 쉽지 않습니다. 약물치료가 증상을 없애기 위한 것이라면, 정신치료는 언어 소통을 기반으로 마음을 바꾸도록 하는 것입니다. 환자의 마음을 바꾸는 것만큼 전공의의 생각을 새롭게 바꾸는 일도 어렵습니다.

뇌과학과 약물학의 발달로 정신장애가 어떻게 생기는지를 많이 알게 되었지만 약물로 뿌리를 뽑을 수 있다고 단정하기는 아직 무리입니다. 무엇보다 정신치료는 그 목표가 약물치료와 달라, 증상 해소가 아닌 삶의 질을 높이는 데 중점을 둡니다. 증상 해소는 거기에 자연히 따라온다고 봅니다. 오히려 증상이 너무 일찍 해소되면 치료가 충분히 진행되지 못하고 중단될 것을 염려합니다.

약물치료에는 시간이 많이 들지 않지만 정신치료에는 시간을 충분히 써야 합니다. 대화를 도구로 쓰는 치료이니 잘 들어야 하고 잘 들으려면 시간이 필요합니다. '잘 듣는다는 것'은 귀만 열고 있으면 된다는 말이 아닙니다. 색다른 방식으로 들어야 합니다.

말에 숨어 있는 의미를 찾고 상징과 환상도 다루어야 합니다. 정신치료자의 '특별한 청력'은 꾸준한 수련과 노력의 결과입니다. 일반적으로 나이가 들고 경험이 많은 치료자가 젊은 치료자보다 더 잘 듣는 이유가 거기에 있습니다.

정신치료자는 듣는 이야기의 옳고 그름을 판단하지 않습니다. 사람은 각자 다르다는 고유성을 존중합니다. 한 사람 한 사람이 모두 특별합니다. 증상을 떠나 사람 전체로 이해하려 합니다. 이해한 자료가 쌓이면 그 사람의 삶을 해석하는 새로운 이야기가 만들어집니다.

정신치료자의 길은 전문성과 통찰력을 갖춘 이야기꾼의 길입니다. 듣고 이해한 바를 편집하여 해석으로 제공하면 치료받는 사람은 깨달음을 얻습니다.

모든 약은 몸에 흡수되면 작용과 부작용을 일으킵니다. 좋은 약은 부작용이 덜합니다. 부작용은 대사와 배설을 거치면 대개 사라집니다. 말로 하는 정신치료에는 부작용이 없을까요? 있습니다. 그리고 오래 갑니다. 말의 힘은 때로 듣는 사람의 마음에 매우 강하게 새겨집니다.

명절이 두려운 이유로 돌아갑시다. 가족 사이에도 말은 할 때와 하지 않을 때를 가리고 눈치를 살피며 해야 합니다. 설득, 강요가 아닌 공감, 이해에 초점을 맞추어야 합니다. 삶의 긴 여정에서 옳고 그름은 당장 알기 어렵습니다. 세월이 지나고 결판이 나도 판단이 어렵습니다. 부모에게도, 자식에게도 그렇습니다. 미래(未來)는 누구에게도 건지 않은, 오지 않은 길입니다. 그러니 설득보다는 공감을 앞세워야 합니다.

부모의 말은 자식이 겪을 앞날에 대한 초조함과 불안에서 나옵니다. 일자리를 구하지 못한 딸의 처지가 불안합니다. 늘어가는 나이에 짝을 찾지 못한 아들의 앞날이 초조합니다. 불안은 아직 닥쳐오지 않은 미래에 관한 것입니다. 현재가 힘겨운 자식은 미래에 대한 부모의 불안이 옮겨 오면 더 힘듭니다. 마음의 아픔을 피하려고 저항합니다.

자식이 부모의 말로 입은 마음의 상처는 우울로 이어지기도 합니다. 경험하지 않은 미래에 관한 우려가 불안이라면, 우울은 이미 일어난 일에 대한 반응입니다. 우울감이 접착제로 붙인 것처럼 견고해지면 쉽게 떼어낼 수 없습니다. 그렇게 되면 자식은 부모를 격하게 원망하고 충격을 받은 부모 역시 우울에 빠집니다. 관계는 멀어지거나 끊어집니다.

정신치료자는 경찰, 검찰, 법원이 아닙니다. 이야기를 듣고 비판하지 않습니다. 흘리는 말을 따라가며 조각을 찾아 삶의 퍼즐을 맞춰서 보여줍니다. 그 사람이 가고자 하는 목적지가 어디인지를 모르면서 하는 충고, 조언, 권고는 허망합니다.

훌쩍 자라버린 자식에게 비판, 설득, 권유는 삼가야 합니다. 힘이 남으면 뒤따르며 돕거나 아니면 지켜보는 것으로 충분합니다. 자식이 아닌 부모 자신의 삶을 살아야 마음에 여유가 생기고 객관적으로 보게 됩니다. 부모의 관점이 아닌 자식 입장에 초점을 맞춰야 합니다. 자식도 마찬가지입니다. 부모의 입장에서 이해하려고 노력해야 합니다. 부모는 자식의 인생 목적지를, 자식은 부모의 목적지를 상상하되 참고 지켜보면서 기다려야 합니다.

후회할 시간에 성찰합니다

삶은 선택의 연속이고 책임은 선택한 사람의 몫입니다. 남을 탓해도 소용이 없습니다. 선택할 수밖에 없었던 무수한 순간들을 돌아봅니다. 때로는 후회도 했고 지금 후회하는 일도 있습니다.

정신분석가 수련을 받은 것은 절대로 후회하지 않습니다. 어렵게 미국에서 받았고 힘들었고 돈도 많이 들었으나, 마음을 살피며 사는 삶의 기반이 되었습니다.

나를 분석해줄 교육분석가를 선택하기가 쉽지 않았습니다. 어떤 분은 너무 엄격한 인상이어서 내가 피했고, 무슨 이야기나 다 들어줄 것 같이 크고 환하게 웃은 분은 면담이 끝나자 아직 내 자리가 없으니 기다려야 한다고 했습니다. 첫인상이 부드럽고 외국 생활의 고충을 이해할 것 같은 분을 선택했습니다. 선택은 결국 첫인상이 좌지우지합니다.

과연 최상의 선택이었을까요? 한동안 복잡한 마음에 시달렸습니다.

묻고 싶었으나 입이 떨어지지 않다가 어느 날 분석 시간에 불쑥 뱉었습니다. 묻는다고 확인될 일은 아니지만 그래도 확신이 필요했고 후회를 피하고 싶었습니다. 일어난 일은 일어난 일일 뿐인데도 말입니다. 잠시 침묵이 이어지고 분석가의 대답은 미묘했습니다. 나는 내가 한 질문에 대한 대답이 아닌, 또 하나의 질문을 얻었습니다. 지금도 내 마음을 감도는 질문입니다. "나에게는 왜 그렇게 최상의 선택이 중요할까?"

피분석자와 분석가 사이에서 주고받는 질문과 대답처럼 독자와 저자 사이에도 책을 중간에 놓고 질문과 대답이 오고, 갑니다. 독자는 책을 통해 저자를 읽고, 독자가 책을 읽은 순간순간 책이 독자를 읽습니다. 책을 읽으면서 독자의 마음이 순간순간 변하기 때문입니다.

그러니 이 책의 내용보다는 읽으면서 떠오르는 자신의 생각을 존중했으면 합니다. 책 제목 '당신이 숨기고 있는 것들'이 뜻하는 것처럼 마음속에 스스로 숨기고 있지만 아직 모르는 것을 찾아낼 수 있다면 보람되겠습니다.

삶의 목표를 여러 번 다시 세워야 할 정도로 오래 사는 시대가 되었습니다. 자신의 마음을 이해하지 못하고 오래 사는 삶이 행복하다고 하기는 어려울 것입니다. 삶의 목표를 새롭게 세우려면 무엇보다도 내가 나를 이해해야 합니다. 관계의 비중이 높아진 시대에 현명하게 관계를 맺고 유지하려면 내가 나를 더 알아야 합니다. 그래야 남도 더 이해할 수 있습니다.

후회 없는 삶은 불가능합니다. 후회하려고 태어났다고 해도 지나친 말이 아닐 것입니다. 삶의 본질이 그렇더라도 후회의 의미를 깨닫는다면, 과거를 정리하고 현재와 미래를 새롭게 만들어낸다면 크게 후회할 일은 아닐 것입니다. 후회만 하며 삶을 낭비한다면 정말 후회할 일입니다. 역설이지만 사람은 후회를 통해 성장합니다. 후회는 성장의 동력입니다. 단, 후회의 에너지는 공격성이니 조심해서 다뤄야 합니다.

후회의 영어 단어(remorse) 어원이 '강하게 깨물다'입니다. 늑대를 길들여 반려견을 만들었던 것처럼, 후회도 주인을 물지 않도록 길들여야 합니다. 공격성을 순화시키면 긍정적 에너지로 사용할 수 있습니다.

후회를 위한 후회는 독약입니다. 후회가 되풀이되면 마음에 지름길이 납니다. 길이 생긴 후회는 습관이 되고, 습관이 된 후회는 늘 비난할 대상을 찾습니다.

후회의 악순환 고리에 갇히면 현재를 후회로 낭비하면서 후회의 총량이 늘어납니다. 그러니 후회가 밀려올 때 정신을 바짝 차려야 합니다. 가슴이 아프고 식욕이 떨어지고 잠이 안 온다면 위기 상황입니다. 원망을 잠시 멈추고 후회의 본질과 의미를 곰곰이 생각해보아야 합니다. 후회의 정체를 파악하면 건강한 삶으로 바꿀 기회가 생깁니다.

후회 뒤에는 보상 심리가 기다립니다. 후회의 의미를 이해하는 것만이 보상을 받는 방법입니다. 시간과 에너지를 과소비하는 강박적 후회는 공회전하며 주차 중인 자동차와 같습니다. 내 삶과 주변을 오염시키면서 자기 파괴로 가는 미끄러운 길이니 들어서지 않도록 경계해야 합니다.

후회에 잠긴 삶에서 벗어나 새로운 삶에 접속하려면 용기가 필요합니다. 공격성은 물론 죄책감도 후회의 동반자여서 마음을 어루만지고 감싸고 다독거려야 합니다. 후회의 원인을 자신의 잘못으로 여기며 죄책감에 시달린다면 용기를 내서 판을 뒤집기가 쉽지 않습니다. 흔들리는 마음을 단단히 잡는 일이 혼자 힘들면, 주저하지 말고 도움을 청해야 합니다.

　인생의 판을 바꾸면 내 삶과 내가 은밀하게 맺은 관계를 다시 세우면서 후회하며 낭비하는 삶이 아닌, 생산적인 삶을 살 수 있습니다. 우선 먼저 나와 내 내면의 관계를 고치려면 이미 익숙해진 후회 습관을 낯설게 만들어야 합니다. 나와 남의 관계도 고쳐야 합니다. 관계를 지속하는 것만이 재정립이 아닙니다. 잘 헤어지는 것도 포함됩니다. 이때 헤어짐에 대한 망설임이 길을 막아서, 선뜻 용기를 낼 수 없다면 도움이 필요합니다.

　후회한다는 것은 갈림길에 서 있다는 뜻입니다. 희망하는 삶과 절망에 머무는 삶의 선택이 갈리는 교차점에서 선택은 자신의 몫이고 선택에 따른 책임도 자신의 몫입니다. 잊지 말 것은 세상에서 나를 끝까지 사랑할 사람은 나밖에 없다는 사실입니다.

"마음속에 다른 사람이 살고 있는 게 아닐까?"

정신과 의사들을 정신분석 하는 마음의 명의와 함께
내 무의식을 찾아가는 여행

프로이트의 의자

숨겨진 나와 마주하는 정신분석 이야기

정도언 지음 | 296쪽 | 값 14,800원

10년 동안 독자들이 한결같이 사랑한 대한민국 대표 심리서
비밀독서단 '자존감을 높여주는 책' 선정
네이버 독자 리뷰 400여 건, 각종 기관 추천도서!

당신이 숨기고 있는 것들

초판 1쇄 발행 2021년 4월 5일
초판 3쇄 발행 2021년 5월 24일

지은이 | 정도언

펴낸이 | 김보경
편집 | 김지혜
디자인 | 이석운
마케팅 | 권순민

펴낸곳 | 지와인
출판신고 | 2018년 10월 11일 제2018-000280호
주소 | (04015) 서울특별시 마포구 포은로 81-1, 201호
전화 | 02)6408-9979 팩스 | 02)6488-9992 이메일 | books@jiwain.co.kr

ⓒ 정도언, 2021

ISBN 979-11-91521-00-9 (03180)

· 책값은 뒤표지에 있습니다.
· 잘못된 책은 구입처에서 바꿔 드립니다.
· 이 책은 저작권법에 따라 보호받는 저작물이므로 무단 전재와 무단 복제를 금하며, 이 책 내용의
  전부 또는 일부를 이용하시려면 반드시 저작권자와 출판사의 서면 동의를 받아야 합니다.
· '지식과 사람을 가깝게' 지와인에서 소중한 아이디어와 원고를 기다립니다.
  연락처와 함께 books@jiwain.co.kr로 보내주세요.